● 中青年法学前沿研究文丛 ●

本书系重庆科技大学科研资助项目（181903044）研究成果。

法随时转

最惠国条款在中国近现代的演进

刘　帅 ◎ 著

厦门大学出版社
XIAMEN UNIVERSITY PRESS
国家一级出版社
全国百佳图书出版单位

图书在版编目（CIP）数据

法随时转 ：最惠国条款在中国近现代的演进 / 刘帅
著. -- 厦门 ：厦门大学出版社，2025. 6. --（中青年
法学前沿研究文丛）. -- ISBN 978-7-5615-9783-5

Ⅰ. F752.59

中国国家版本馆 CIP 数据核字第 2025RF8572 号

责任编辑　郑晓曦

美术编辑　张雨秋

技术编辑　许克华

出版发行　厦门大学出版社

社　　址　厦门市软件园二期望海路 39 号

邮政编码　361008

总　　机　0592-2181111　0592-2181406(传真)

营销中心　0592-2184458　0592-2181365

网　　址　http://www.xmupress.com

邮　　箱　xmup@xmupress.com

印　　刷　厦门市竞成印刷有限公司

开本　720 mm×1 020 mm　1/16

印张　12.5

插页　1

字数　200 千字

版次　2025 年 6 月第 1 版

印次　2025 年 6 月第 1 次印刷

定价　68.00 元

厦门大学出版社
微信二维码

厦门大学出版社
微博二维码

自　序

　　最惠国条款是"最惠国待遇"的法律载体,而最惠国待遇作为国际贸易的基础机制,加速了国际贸易的全球化进程,影响了世界贸易的整体格局。最惠国待遇的萌芽最早可以追溯到 11 世纪欧洲城市商人在非洲的贸易实践。到 18 世纪初,英国和法国在荷兰乌特勒支签订的合约中首次规定了较为规范的最惠国条款,至此,最惠国条款正式登上国际贸易舞台。

　　视野回到中国,从 19 世纪清王朝被英吉利的坚船利炮轰开国门,朝贡体系和条约体系开始碰撞,中国正式被裹挟进世界经济政治纷争以来,最惠国条款就与中国的发展紧密相连,历经晚清、民国,直到今天,最惠国条款都是中国对外经贸体系的重要基础。在此期间,最惠国条款影响的畛域始终存在变动:最早限定于税务与贸易范围;经历不断扩张从而跨越经贸范畴,嵌入政治、文化、外交等领域;中华人民共和国成立初期又回缩至传统边界;而 WTO 时代的影响边界再次扩展。不过,无论最惠国条款的适用范围如何变化,其对我国一直具有深远影响,只是在不同的时代背景下最惠国条款发挥了完全不同的影响力。

　　在晚清特殊的时代背景下,最惠国条款背离了其应有的非歧视的价值导向与促进贸易自由的初衷,成为西方国家攫取与侵害中国利益的工具。最惠国条款在近代中外不平等条约中处于既"隐秘"又"显著"的微妙位置。"隐秘"是因为最惠国条款不似割地、赔款、驻军等条款是明确对中国某种具体国家利益的侵犯,其依托第三国的架空表述方式,发挥作用较为"间接",使得缺乏国际法知识的晚清君臣在尚未了解该条款的重大影响时就轻易让渡了最惠国待遇。"显著"则是由于和中国签订最惠国条款的国家可以轻易均沾中国与其他国家签订条约中让渡的利益,借此,最惠国条款这个"倍增器"极大增强了西方国家对中国的利益侵夺力度,对近代中国产生重大不利影响。最惠国条款也与领事裁判权、关税协商一道,被并称为令近代中国损失最为巨大的三项利权。

民国时期,中国开始着手改订或废除最惠国条款,以限制其不利影响,北京政府奉行的修约外交与南京国民政府的废约外交都与之密切相关。北京政府时期的外交政策采用"浑括主义",尽量避免双边谈判,而采用集体磋商的方式。只有基于对最惠国条款的清楚认识,通过集体磋商,让全体最惠国在放弃某一特权上达成一致,这一特权才能真正被废止。南京国民政府废约外交的目的与修约外交类似,也是逐渐消弭不平等条约对中国的不利影响,但在方式上更加彻底,注重通过废除不平等条约,直接减少不平等条约签署国的方式来维护国家利益,弱化最惠国条款的不利影响。废约之后,通常还会以订立更为公平合理的合约为目的进行新条约的谈判,在这些谈判中,最惠国条款通常又会成为双方争夺的"焦点",而是否重新订入最惠国条款也成为判断谈判成败的"标志"。然而,上述努力因彼时尚未完全取得国家的独立、民族的解放而无法产生全局与根本性影响。

中华人民共和国成立后,我国全面废除了不平等条约,后来为了适应新的全球经济形势,我国开始了艰苦的"复关入世"谈判,而享有永久性无条件最惠国待遇,成为我国力争的主要谈判目标,并最终取得圆满成果。现代最惠国条款以 WTO 框架为依托,其内含公正、平等、非歧视的价值内核,到今天依然是国际贸易秩序的主流。然而,大量非关税壁垒和区域合作协议的集中出现可能会使得全球产业链出现破损,这将给最惠国条款的未来带来新的挑战。

本书以法律史学的研究方法为主,辅以其他社会科学的研究方法。法律史学讲究以史为凭,通过梳理大量的文献资料,对研究对象进行深入解析。不过,最惠国条款并非单纯的法律史学的研究对象,其还涉及经济、外交、政治、社会、文化等领域,因此,对这种复合性的研究对象应分层次、多维度、宽视野展开研究。具体而言,本书的研究范围包括在法律层面对最惠国条款的探讨以及在我国各个历史时期,不同的经济、外交、政治、社会、文化背景下围绕该条款的冲突与斗争,并剖析对比最惠国条款对我国的各种影响。本书目的在于通过对最惠国条款的历史考察,汲取教训,总结经验,以利我国更好地因应今后世界经贸秩序变迁带来的机遇与挑战。

目　录

绪 论

    2000 年 10 月 10 日，时任美国总统克林顿于白宫南草坪签署了对华永久性正常贸易关系法案。这个法案不仅使得长达二十年的美国对华最惠国待遇年度审议寿终正寝，也意味着自清末中英订立《五口通商附粘善后条款》给予英方片面最惠国待遇特权以来，我国在最惠国问题上追求真正平等的努力取得决定性突破。西方以"最惠国条款"为武器，大肆侵犯我国主权利益的行径也走向了"历史的终结"。

    最惠国条款对中国近现代历史有重大影响，但学术界却缺乏对近代中外不平等条约中的最惠国条款与"复关入世"谈判所涉及的最惠国条款的对比研究。同时，已有的对最惠国条款的论述与研究多集中于对条款本身的研究，而未更多探讨影响条款形成的政治、经济、文化因素。然而，正是这些外在因素对中国近现代最惠国条款的内容与特征起到巨大的"塑形"作用，因此，不能在最惠国条款的研究中完全剔除这些要素，进行过于"纯粹"的法学研究。最后，现有的对中国近现代最惠国条款的研究更多选取的是中国近现代的一些孤立事件，如某个不平等条约的签订，围绕某项条约修订的外交争端等，却较少涉及某一时段的整体考察，这不利于从宏观上全面把握最惠国条款的发展变化，故而难以深刻理解中国近现代最惠国条款的整体发展历程。

    本书回顾了最惠国条款的流变过程，兼顾了晚清时期、民国时期、中华人民共和国成立后三个不同时间段。在此基础上，本书侧重于对中外最惠国条款的谈判过程与争夺要点进行梳理与分析，通过这种解读，可以使得条文鲜活化，从而发掘出更多的角度来立体解读最惠国条款。同时，我们也应注意到中国在不同时期签订的最惠国条款自身也展现了不同的特点与时代特征。其中最关键的是，中国近代的最惠国条款具有语义模糊、适用范围广阔、缺乏平等性等特点，这与通过"复关入世"谈判签订的新的最惠国条款有重大区别,这种区别源于中国在不同历史时期面临的不同的内政、外交、军事、文化及国际情况。因此,对中国近现代最惠国条款的研究理应跳出条款本身,以更广阔的政治、经济、文化视角对其进行审视和分析。

第一章

最惠国条款概述

第一节　　最惠国条款研究的背景考察　▶▶▶

近现代的最惠国条款所涉范围虽广,但多聚焦于三个方面:首先,最惠国条款可以协调缔约国之间的经贸安排,具有传统经济属性;其次,最惠国条款,尤其是中国近代历史上的最惠国条款,多关联政治领域,从而裹挟政治属性;最后,缔约国之间的"最惠国"约定是通过外交条款固定下来,故而具有典型法律属性。因此,对最惠国条款展开研究,必须先行考察促使其诞生的经济、政治、法律背景。

一、最惠国条款研究的经济背景

最惠国条款是在全球化的背景下逐步发展起来的,在这里,全球化是一个跨越经济、政治、文化等领域的跨学科概念,泛指全球性社会关系的增强,但"对'全球化'的这一表述,意在理解和解释而不是定义,其'关键词'是'交往'"①。全球化现象反映的跨越地区的经济、政治、文化"交往",为追求平等贸易待遇的最惠国条款的出现创造了可能。最惠国条款的出现又反过来成为推动全球化,尤其是经贸全球化深入发展的重要制度架构。

---

① 　何顺果:《全球化的历史考察》,江西人民出版社 2012 年版,第 6 页。

全球化概念产生于 20 世纪 60—80 年代,但经贸全球化现象的萌芽却远在此之前,这种萌芽以跨越地区边界的交流为标志,以经济贸易为动力,以商贾阶级为主体,以政治帝国为代表。从传说中公元前 753 年建城开始,古罗马逐渐在地中海崛起,逐步发展为横跨亚、欧、非的大帝国。同一时期,华夏地区也出现了繁荣的汉王朝。帝国的拓展伴随贸易的发展,将不同地区的人群联系起来,但同时又清晰区分出不同的地区、王国、同盟等,这就为平等交往提供了可能。到公元 9—10 世纪,欧洲加洛林王朝衰微,受到穆斯林、马扎尔人、维京人的入侵,但这些入侵者,尤其是维京人,同时又扩展了商业活动的"地域范围"①,地中海地区就此形成了多层次的贸易结构,包括地区贸易、跨境贸易、洲际贸易等,而跨越地区的经济贸易需要依靠法律来建立规则,这也推动了国际贸易法律的发展。公元 11 世纪,原始最惠国条款的雏形就诞生于地中海沿岸城市与北非各王国之间跨区域的商业实践中,当时外国人在地方法律下常常享受不了应得权利,得不到必要保护,从而对国际商业产生了巨大不利影响,这也催生了对同等权利的追求。

13 世纪,世界形成了诸多经济圈层,规模最大的有四个,但四大经济贸易圈②更多的是在圈内进行贸易,而未达成更大规模的圈外贸易,因此不能称其为真正的经济全球化。在四大经济贸易圈中,朝贡体系政治因素大于经济因素;印度洋贸易只是一个海洋贸易的大致范围,没有严密的组织与成熟的市场;汉萨同盟更类似于一种经济联合体,都不符合最惠国条款追求的平等保护、自由竞争理念。唯独地中海及周边地区的贸易由于当地政局的不稳定,使得政府对经济的管控较为放松,由此市场经济的发展更为有力,商贾集团对平等保护、自由竞争的呼唤更为迫切,最惠国条款就此在该地区萌芽。不过,法律本身的保守性使

---

① "维京人在不进行掠夺的时候,也参与到经商活动中……犹太商人也在 9—10 世纪时把欧洲跟更富裕的伊斯兰和拜占庭通过贸易连接在一起,不光是在地中海地区,也在更远的地方……随着 10 世纪晚期外族侵略的渐渐平息,欧洲的商业得到迅猛的发展。"[美]朱迪斯·M.本内特:《欧洲中世纪史》,杨宁等译,上海社会科学院出版社 2021 年版,第 175～177 页。

② "全球存在着四大经济贸易圈,它们是以中国为中心的朝贡贸易体制,以印度为中心的印度洋贸易体制,以意大利为中心的地中海贸易体系以及西北欧的汉萨同盟。"何顺果:《全球化的历史考察》,江西人民出版社 2012 年版,第 9 页。

得其落后于时代。因此,直到 18 世纪,近代意义上的最惠国条款才出现于英法《乌特勒支合约》中,其后,最惠国条款逐步在欧洲及以外地区得到推广。但是,国际贸易导致的国际分工让不同国家在国际贸易中处于不同地位,这使得最惠国法律制度绝对平等的初衷难以实现。且不论存在片面最惠国条款,即使是表面平等的双务最惠国条款,也由于每个国家发展程度不同以及位于产业链条的不同位置,使得在最惠国条款下获取的经济利益多寡也完全不同。这可以部分解释为何一些帝国主义国家在有优势的情况下,依然愿意与清王朝签订双务最惠国条款。

二、最惠国条款研究的政治背景

　　最惠国条款的政治背景主要是国际社会的形成与逐渐等级化,这对最惠国条款的形成与发展产生了重大影响。在欧洲将世界联系为一个整体之前,世界就存在诸多"国际体系"①,如阿拉伯体系、印度体系、中华体系等,但这些国际体系都是地区性与局部性的,各体系之间尚无太多交流与竞争,其交往多限于自身内部的"闭环交流"。然而,当欧洲人踏上扩张道路时,一切就发生了巨大变化,国际社会一方面逐渐显现整体轮廓,另一方面又开始出现不平等的区域界分,这两种不同的趋势不仅同时发生,而且在政治、经济、文化等各个层面都有反映。从中世纪末期开始,欧洲就逐渐成为一个独特的国际社会,这个国际社会的文化内核就是拉丁—基督教文明,此时已经出现不同圈层的划分,欧洲的内部认同不断加强。到了 18 世纪,欧洲国际社会中基督宗教色彩减弱,神权法被"欧洲公法"取代,民族国家开始取代王朝和专制国家,这时出现了以欧洲文化为基础的"行为准则"②,这种区别待遇比拉丁—

①　"赫德利·布尔认为,'当两个或两个以上的国家相互之间有充分的交往,而且对相互的决定有充分的影响,以使它们至少在某种程度上作为整体的部分来行动时',一个国际体系就出现了。"[美]塞缪尔·亨廷顿:《文明的冲突与世界秩序的重建》,周琪、刘绯等译,新华出版社 1998 年版,第 40～41 页。

②　"伴随着国家社会欧洲特色观念的形成,产生了有关欧洲与其外部世界存在文化差异的观念:欧洲列强在相互交往中所遵循的行为准则,并不适用于它们与其他以及较为弱小的社会之间的关系。"[英]赫德利·布尔:《无政府社会——世界政治中的秩序研究》,张小明译,上海人民出版社 2015 年版,第 32 页。

基督教国际社会的圈层划分更加明显。一开始拉丁—基督教国际社会的排外性还会受到自然法原则的限制,而 18、19 世纪,自然法开始衰落,使得自然法原则的牵制力下降。"在 19 世纪,实证法学派的正统国际法学说是,国际社会即欧洲联盟,非欧洲国家只有在符合欧洲人所制定的文明标准之后,才能被允许加入其中。"①欧洲社会保持其社交圈子,维持内部同质性,但并未消除欧洲各国的强弱之分,强国之间、弱国之间、强弱国之间通过保持均势,来维持政治与力量的基本平衡。"所谓均势之法者,乃使强国均平其势,不恃以相凌,而弱国赖以获安焉,实为太平之要术也。"②均势之法实际为欧洲列强在欧洲以及世界范围内利益瓜分的妥协之法,这种妥协易于打破,并不能完全庇护弱国,但在维持一定的政治均衡上能起到有限的作用。

国际社会的这种空间等级化,在最惠国条款的发展与适用中烙印下深刻的印记。一方面,由于文化的同质以及均势规则保持了力量平衡,欧洲内部最惠国条款发展迅速,而且无论国与国之间国力的强弱如何,签订的多为较为平等的双务最惠国条款。另一方面,由于欧洲各国与非欧洲国家的交往并不平等,其国际法原则并未同等适用于非欧洲国家,所以欧洲国家与非欧洲国家签订最惠国条款时,多为剥削性的片面最惠国条款,强制剥夺了非欧洲国家的平等权利。

三、最惠国条款研究的法律背景

最惠国条款的起源与国际法的兴起有密不可分的关联。初始阶段的国际法是建立在同一社会学基础——独立国家组成的国际社会,同一价值基础——希腊与基督教西方文化之上。国际法最重要的指向还是规范国际关系,正是中世纪结束后大量出现的国际主体之间勃兴的交互活动形成了国际关系,并孕育出了国际法的雏形。不过,伴随着西方社会的发展与扩张,国际法开始融入了更多的经济、军事、文化等因素。近代国际法可以说是从《威斯特伐里亚合约》(Peace of

---

① [英]赫德利·布尔:《无政府社会——世界政治中的秩序研究》,张小明译,上海人民出版社 2015 年版,第 33 页。

② 田涛:《国际法输入与晚清中国》,济南出版社 2001 年版,第 272～273 页。

Westphalia，1648)肇始。威斯特伐里亚会议是近代三大国际会议①之一，这个会议奠定了一系列国际交往的基础与原则，如国家主权原则、宗教自由原则、保障人权原则等，而其中最重要的原则之一就是条约必须信守原则，这种信守已经超越了中世纪的宗教传统。正如劳特派特所述："国家的权利与义务首先是由他们在条约中表示的含意所决定的——正如个人的权利是由对其有拘束力的契约所规定的。"②这一原则既彰显了近代国际法的法律特征，也包含有文化属性。

不过，这种条约必须信守的原则内部隐藏着矛盾，即国际法价值导向的普遍管辖性与国际法较弱的效力之间的冲突。国际法建立于平等主体间的交往之上，其蕴含的是公平、独立、自由等价值，但国际法所建立的法律秩序并不能找到可以依托的超越所有当事者的最高权威。因此，其是一种效力较弱的法，而弱法通常难以保证法律价值的实现，实践中，利益驱使下条约必须信守的原则往往被打破。这种矛盾凸显于西方列强与中国的交往中，《南京条约》签订后，尽管外国商人已经享受了不平等条约为他们提供的一系列特权，但是，外国商人的活动仍然完全不受条约的制约。"以为有了条约，在华外人就都按照条约行事，他们的活动，就都是在条约范围内的正常贸易活动，那是不符合历史的实际的。"③比如，依据条约规定，外国商人并无倒卖鸦片、贩卖苦力的特权，而这些非法行为事实上却是大量、长期存在的。通过条约形式出现的最惠国条款，显然也存在被违反、被滥用、被侵夺的情况，这更加剧了中西的不平等。

《威斯特伐里亚合约》在国际政治实践中进一步推动了均势主义的发展，而就最惠国条款而言，这个阶段的均势主义有两个重要影响。其一，以均势之名，为阻止法王路易十四之孙菲利普登上西班牙王位，普鲁士、英国、荷兰、葡萄牙等国组成同盟，与法军交战，到1713年，法王路易十四求和，双方于同年4月在乌特勒支签订合约，史称《乌特勒支

---

① 　近代三大国际会议：威斯特伐里亚会议、维也纳会议、巴黎和会。

② 　王艳丽：《威斯特伐利亚和约与国际法原则的发展》，载《安徽职业技术学院学报》2010年第3期。

③ 　汪敬虞：《十九世纪西方资本主义对中国的经济侵略》，人民出版社1983年版，第2页。

合约》。正是在这个合约中开始出现近代意义的最惠国条款,其后,欧洲各国之间签订了一大批"友好、通商、航运条约",其中多包含最惠国条款。其二,均势主义启发了其后美国的"门户开放政策"①,其中,政治上"保全中国"是商业机会均等的前提预设,而商业机会均等则是最终目的,这一最终目的是与最惠国条款相契合的,毕竟最惠国条款的重要内涵就是条件相等。当然,这种条件相等是对于有最惠国条款在身的西方列强之间而言,列强与清政府之间大量片面最惠国条款的签订则凸显了当时中西地位的平等是不存在的。

日本学者川岛真对中国接受国际法的过程进行了"三阶段"②划分:其中,教科书式的接受阶段是指以《万国公法》为代表的国际法教科书由总理衙门进行推广,供中央及地方官员阅读了解,形成初步的国际法印象,成为异文化交流的桥梁,但这种了解是浅表的、粗糙的、不规范的;程序性接受阶段是指国际法教科书的内容被用来指导中国的外交实践,尤其是外交礼仪规范方面,如全权证书、代表等级、外交使领馆设立等,这种对国际法知识的使用是为外交与通商服务,在这个过程中,中国传统的朝贡体系逐渐崩溃,而不断向条约体系靠近;价值解释性接受阶段是指国际法背后的思维方式与价值理念逐渐被中国所吸收与主动运用,主要表现在国际谈判中中国主动运用国际法以维护国家权利,对不平等条约、条款质疑与废除,中国力图逐渐"文明国化"以成为平等、正式、完整的国际法主体。

然而,就中国近代外交史而言,川岛的"三阶段"论有一块缺失,即缺乏对教科书式的接受阶段之前历史的研究。鸦片战争后签订的诸多

---

① "'门户开放'政策的基本内容是商业上的机会均等和政治上的'保全中国'。前者在承认列强在华势力范围和既得权益前提下要求各国在华租借地和势力范围对美国开放,对美国货物实行同等的关税、入港费和铁路运费……后者基于这样的认识,即保证美国通过条约所获得的利益的关键还在于中国政府能行使权力,而且这对于亚洲力量的均势是十分必需的;反之,中国的崩溃将导致已经展开的列强之间的倾轧尖锐化,这就谈不上维护美国的在华利益。"张小路:《中国对门户开放政策的反应》,载《社会科学战线》1998 年第 2 期。

② "从中国接受(或适用)国际法的观点出发,将此变化过程分为'教科书式的接受'、'程序性接受'、'价值解释性接受'这样三个阶段。"[日]川岛真:《中国近代外交的形成》,田建国译,田建华校,北京大学出版社 2012 年版,第 14 页。

不平等条约可以说是中国与国际法接触的初始阶段,这时的签约并非成熟的国际法运用实例,而是在兵临城下的压力下,在中国尚未熟悉和理解国际法的背景下草率签订的。当时主政"夷务"的大臣是耆英,耆英的"艰难谈判历程"①佐证了这段历史。列强的条款难以改变,而清朝君臣为了结束战争,防止事态发展,又认为订约可以起到"徐图控驭"的作用。"所谓'控驭',也就是将条约作为一道屏障,阻止列强的进一步侵渔。"②晚清朝廷的这种心态也被西方列强所掌握,英国外交官包令在向外交大臣的报告中对此进行了"明确说明"③,列强正是充分利用了晚清君臣急于凭借条约结束战争的心态,从中外最初的几个不平等条约中轻易攫取了关税协定权、领事裁判权、最惠国待遇这三大特权,从而构筑了晚清以降中外条约和商约谈判的不平等基础,拉开了中国百年国耻的序幕。

第二节　最惠国条款的概念与流变

一、最惠国条款的概念

最惠国待遇是从国际贸易领域肇始,但其很快就突破了单纯的贸易领域,逐步扩张到政治、外交、文化等诸多领域。随着关税及贸易总协定(General Agreement on Tariffs and Trade,GATT)和世界贸易组

---

① "耆英的外交事业,始于江宁议约,但《江宁条约》本身的好坏不论,此种条约是全盘接受条件,而不是谈判的产品……由黄恩彤所记当时情形可知其大略:'盖夷性胶结难解,各款均觊觎已久,志在必得,断难折以空言,况先奉回文,均蒙允许,更非事后所以能争矣。'"王尔敏:《弱国的外交——面对列强环伺的晚清世局》,广西师范大学出版社 2008 年版,第 71 页。

② 李育民:《近代中外关系与政治》,中华书局 2006 年版,第 112 页。

③ 包令指出:"如果以为道光皇帝、大学士穆彰柯、谈判人耆英和伊里布,或帝国任何其他官员把条约看作进一步交往的踏脚石,那就是再大没有的错误了。相反,他们把条约当作这种交往的栅栏,是防止而不是便利相互接触。"蒋孟引:《第二次鸦片战争》,生活·读书·新知三联书店 2009 年版,第 3~4 页。

织(World Trade Organization，WTO)的相继设立，最惠国条款更是超越了传统的双方谈判，被置于多边机制之中，其涵盖范围也从有形货物扩展到无形服务、竞争政策、知识产权等，更加科学化、精细化、体系化。

对于最惠国条款的定义，著名学者巴斯德芒和弗洛里有"不同认知"①：两位学者定义的范围有大小之分，前者局限于贸易条约，后者将范围扩张至一般协议；角度也不相同，前者更多是考虑两国之间的协商，后者则看到了多边框架；重点也有差异，前者更多的是考虑到与第三国的条款对给惠国和受惠国的影响，即最惠国条款需要另一缔约方与第三方在相同领域填充内容，并划定权利与优惠的范围，唯有第三方的条约生效，最惠国条款才能实际发生效力，后者则强调了"不需要为此再作新的协议"，强调"速记"②方式。

1978年，国际法委员会拟定了《最惠国条款(法)最后草案》，草案对"最惠国待遇"的"定义"③简明地概括了最惠国待遇最重要的基本特征，即对第三国的依托性。具体而言，最惠国待遇突破了条约的相对性，其生效与适用受到第三国条款的直接约束，受惠国能得到优待的权利类型、程度、范围、时段，无一不依第三国条约而定，而最惠国条款④就是最惠国待遇的载体。

---

① "巴斯德芒(S.Basdevant)认为，一般说最惠国条款指'一种条约规定，甲和乙两个缔约方据此约定：如果它们当中的一个后来与第三国丙订的贸易条约中给丙国以特别贸易好处，这件事情本身(ipso facto)就是把这些好处给了早先(条约)的缔约方'。法国著名国际经济法学家弗洛里(T.Flory)则认为，'最惠国条款是一般国家间协议里含有的一种规定，缔约各方据此相互已给予或后来给予第三国的好处大于它们前已享有的，而它们之间不需要为此再作新的协议'。"赵维田：《最惠国与多边贸易体制》，中国社会科学出版社1996年版，第32页。

② "意思是说，在第一个条约里以相互许诺方式来替代以后凡遇到第三方条约时再订新约，免去许多麻烦。"赵维田：《最惠国与多边贸易体制》，中国社会科学出版社1996年版，第33页。

③ 草案第5条规定："给惠国给予受惠国或者与该(受惠)国有确定关系的人或物的优惠，不低于该给惠国给与第三国或者与该第三国有同样关系的人或物的待遇。"赵维田：《最惠国与多边贸易体制》，中国社会科学出版社1996年版，第31页。

④ "'一国据以对另一国承诺在约定关系范围内给予最惠国待遇的一种条约规定'(第4条)，则称为最惠国条款。"赵维田：《最惠国与多边贸易体制》，中国社会科学出版社1996年版，第31页。

GATT 的"一般最惠国待遇"条款则给出了现代最惠国待遇最标准的"定义"①,这个条款对最惠国待遇的概念描述更为准确,不光指出了最惠国待遇的依托性,还兼具了权利义务的相互性、无条件性、范围限制性,体现了公平、合理的制度设计。

WTO 取代 GATT 后,最惠国条款也扩张至服务贸易与知识产权领域,规定于《服务贸易总协定》(Greneral Agreement on Trade in Services,GATS)第 2 条②和《与贸易有关的知识产权协定》(Agreement on Trade-related Aspects of Intellectual Property Rights,TRIPS)第 4 条③,无论是GATS 还是 TRIPS 对最惠国条款的规定,实际都遵循了 GATT 的基本内涵,只是适用范围进行了扩张。

在中国复关入世与美国进行谈判的过程中,时任美国总统克林顿签署法案将"最惠国待遇"更名为"正常贸易关系"。这个概念的转换合乎事务的实质,所谓最惠国待遇,实际上是一国同其他国家在对等基础上相互给予的不歧视贸易待遇,即正常贸易关系,而非一国给予其他国家的特殊贸易优惠待遇。将"最惠国待遇"更名为"正常贸易关系"体现了真正意义的平等。2001 年 12 月 27 日,美国正式给予中国永久正常贸易关系地位。

二、最惠国条款的流变

学者们从不同的角度对最惠国条款的流变进行了考察,嘉华赖塔

---

① 关贸总协定第 1 条规定:"任何缔约方给予原产于或运往任何其他国家(或地区)的产品的任何好处、优惠、特权或豁免,应当立即无条件地给予原产于或运往所有缔约方境内的相同产品。"赵维田:《最惠国与多边贸易体制》,中国社会科学出版社1996 年版,第 257～258 页。

② 该协定第 2 条载明:"关于本协定涵盖的任何措施,每一成员对于任何其他成员的服务和服务提供者,应立即和无条件地给予不低于其给予任何其他国家同类服务和服务提供者的待遇。"服务贸易总协定,http://www.caac.gov.cn/XXGK/XXGK/DWZC/201703/t20170330_43369.html,下载日期:2024 年 4 月 5 日。

③ 该协定第 4 条载明:"对于知识产权保护,一成员对任何其他国家国民给予的任何利益、优惠、特权或豁免,应立即无条件地给予所有其他成员的国民。"《与贸易有关的知识产权协定》,http://ipr.mofcom.gov.cn/zhuanti/law/conventions/wto/trips.html?eqid=83563ba30000149b000000026479f4f5,下载日期:2024 年 4 月 5 日。

(G. Cavaretta)曾将该条款的发展划分为"三个阶段"①,从嘉氏的论著来看,最惠国条款的发展是一个适用范围逐步扩张的过程,这种论点有一定正确性,但其只看到适用范围的变化,遗漏较多,无法勾勒出最惠国条款发展的清晰轮廓。日本学者手塚寿郎将最惠国条款的演变划定为六个阶段,其主要围绕欧式无条件最惠国条款与美式有条件最惠国条款的发展对比来展开,对比方法的采用为最惠国条款研究提供了新的思考角度,但也远非完善。最惠国条款起源于国际贸易领域,但又非一个简单的经济协议,其萌芽、发展、定型、发展完全取决于缔约国之间的条约约定,因此,对最惠国条款流变的研究还是应该回归到国际条约中,根据条约内容的发展来解读最惠国条款的演进。

最惠国待遇的萌芽出现于公元 11 世纪,欧洲的商人将其商业市场开拓到北非,在市场拓展过程中不断遇到受各地阿拉伯王公保护的竞争对手,他们迫切希望能在市场中获得平等的地位与同样的待遇,经过长期努力,才获得"同样的特许权"②,到 13 世纪,特许权部分以条约形式为载体,这种在市场竞争中蕴含"同等地位,平等竞争"思维的特许权,即是最惠国条款最原始的形态。早在 1417 年 8 月 17 日,英国与勃艮第(Bourgogne)就签订了最惠国条款,该条款规定勃艮第对于英船驶抵法兰特港者,应予以停泊权,与对于法兰沙阿、荷兰、苏格兰等国的船只待遇相同。不过,这时的最惠国条款由于是在谈判中不断协商妥协的产物,因此,其没有固定格式与条文内容,且只是局限于对停泊权、财产权等具体权利的保护,也非长期有效。

最惠国待遇义务的普遍承担主要开始于 17 世纪,当时国际条约中包含的最惠国条款渐次增多,如 1642 年 1 月 29 日签订的英葡合约,1667

---

① 嘉华赖塔(G.Cavaretta)划分的三个阶段分别为:"第一阶段为许与缔约对方国以所给予一定第三国之一国或数国之利益时代;第二阶段为许与缔约对方国以所给予不定第三国之利益时代;第三阶段为许与缔约对方国以现在或将来所给予不定第三国之利益时代。"[日]手塚寿郎:《最惠国条款论》,郑允恭译,商务印书馆、书林书局影印本,中华民国二十五年(1936 年)版,第 37 页。

② "西北非阿拉伯王子们曾颁布命令,给予他们与捷足先登的威尼斯、比萨等城邦同样特许权。12 世纪,威尼斯也曾向拜占庭皇帝要求同样的特许权,使该城邦商人获得与热那亚、比萨的商人平等竞争的地位。"高心湛:《"最惠国待遇"的源流及其他》,载《历史教学》2005 年第 2 期。

年5月13日签订的英西条约等。而在17世纪对最惠国条款的发展有较大影响的当属荷葡条约(1641年)与葡荷条约(1661年),其中,荷葡条约采用的是双向的、无条件的最惠国条款。葡荷条约则以条约形式将指定第三国的贸易待遇扩张为任意第三国。18世纪,英国成为国际贸易的巨人,其海外扩张的欲望极其强烈,英国人确信,如欲继续扩张其贸易地盘,就必须处于与竞争者相同的贸易地位与贸易条件,这就使得其在与欧洲诸国的贸易商约中全数插入最惠国条款。如英但条约(1706年)①、英西条约(1713年、1715年)等,其中,"1713年英法乌特勒支通商条约就是这方面的一个代表作,正是在这个合约中出现了定型的最惠国条款。双方相互给予'最惠国地位'"②。乌特勒支通商条约开启的欧洲式无条件最惠国条款并未在刚独立的美国生长发芽,鉴于美国自身经济落后、政治弱势的实际,为保护自身利益,其更多采取有条件的最惠国条款,以给自身更大的发展空间与回旋余地。1778年美国与法国订立的第一个商务条约——《美法友好商务条约》中的第2条③就是典型的有条件最惠国条款,但美国的有条件最惠国条款也非绝对的,该商约第3条④就在一定层面认可了无条件最惠国条款。

---

①　该条约包含如下条款:"给予其他人、船只或在但泽的外国人货物的更大特惠应同样给予任何一个国家,英国人及其船只、商业应同样完全享受这些特惠。"[英]彼得·马赛厄斯、悉尼·波拉德主编《剑桥欧洲经济史——工业经济:经济政策和社会政策的发展》(第八卷),王宏伟等译,经济科学出版社2004年版,第36页。

②　赵维田:《最惠国与多边贸易体制》,中国社会科学出版社1996年版,第1页。

③　The second article of the treaty states that:"The most Christian King and the United States engage mutually not to grant any particular favour to other nations,in respect of Commerce and navigation,which shall not immediately become common to other party,who shall enjoy the name favour,freely,if the concession was freely made,or not allowing the same compensation if the concession was conditional." [日]手塚寿郎:《最惠国条款论》,郑允恭译,商务印书馆、书林书局影印本,中华民国二十五年(1936年)版,第43页。

④　The third article of the treaty states that:"The subjects of the most Christian King shall pay in the ports、havens、islands、cities or towns、roads、countries of the United Station、or any of them、no other or greater duties or imposts、of what nature soever they may be、or by what name soever called,than those which nations most favoured are or shall be obliged to pay……"[日]手塚寿郎:《最惠国条款论》,郑允恭译,商务印书馆、书林书局影印本,中华民国二十五年(1936年)版,第44页。

　　最惠国条款在 17 世纪和 18 世纪的发展并未立刻推动其适用的高潮,当时的世界还处于重商主义的窠臼之中,自由贸易的浪潮还未来临,国家还以累积贵金属作为衡量国家实力的标准,因此多奖励出口,限制进口。按重商主义的观点,占领外国市场、赚取财富,更多的是通过外交手段,因此,对外贸易也只是外交政治的一种筹码,并未成为经济政策的重心。然而,经济学家亚当·斯密与大卫·李嘉图的比较优势学说逐渐打破了这一思维定式,根据这种理论,无论进口国还是出口国,贸易双方都能实现资源优化配置,从中获益,从而呼唤了下个世纪自由贸易的春天,而自由贸易的发展也推动最惠国条款的发展在 19 世纪达到高潮。

　　19 世纪中叶以前,美国签订了大量含有有条件最惠国条款的条约,如美哥条约(1824 年 10 月)、美普条约(1828 年 5 月)、美巴条约(1828 年 12 月)、美墨条约(1831 年 4 月)、美俄条约(1832 年 10 月)、美丹条约(1836 年 4 月)等。同时,美国只是间或采用无条件最惠国条款,如 1803 年美法通商条约,到 1815 年,缔约双方对无条件最惠国条款的解读发生争议,进而引发一场"外交风波"①。随着美国国力的增强,美式有条件最惠国条款的适用范围逐步扩大,影响到了拉美地区,拉美各国之间多订立包含有条件最惠国条款的通商条约。而从 1827 年墨西哥与荷兰订立有条件最惠国条款开始,拉美与欧洲通商条约也多含有类似条款,如巴丹条约(1828 年 4 月)、墨西哥、哥伦比亚与欧洲诸国的商约(1827—1828 年)等。甚至欧洲各国之间的商约也受到影响,开始采用美式有条件最惠国条款形式,1810 年 2 月英国与葡萄牙在利亚特杰尼罗签订的通商条款就已反映出美式最惠国条款对其的影响。而奥希通商条约(1835 年 3 月)、希瑞条约(1836 年 12 月)、英奥条约(1838 年)等,则明确约定了有条件最惠国条款,可以说,当时欧洲除了瑞士,各国多签订有条件最惠国条款。

---

　　① 　美法争议及解决方式:"美国主张美国素采用互惠原则,在国家层面上不认为无条件条款。法国主张从文字解释,此条款为无条件。争执历十五年,至一八三一年七月四日,双方妥协,始告解决。法国放弃无条件最惠国待遇之主张,美国则于十年内减轻法国葡萄酒进口税。"[日]手塚寿郎:《最惠国条款论》,郑允恭译,商务印书馆、书林书局影印本,中华民国二十五年(1936 年)版,第 45 页。

　　从 19 世纪中叶开始,国际贸易政策与最惠国条款发生了重大调整。1846 年英国遭到严重的天灾,粮食生产受到严重影响,国内粮食供应极度紧张,基于此,时任英国首相皮尔被迫接受了亚当·斯密的贸易自由化的观点,废止了禁止粮食进口的"谷物法",并起用了积极主张贸易自由的科布登为贸易部长。科布登与时任法国贸易部长切维利尔于 1860 年 1 月 23 日在巴黎签订了具有历史意义的贸易自由双边通商协定(包括 1860 年 11 月 16 日的补充协定)——"科布登—切维利尔条约"(《法英商务条约》),该条约第 19 条规定,双方对进口关税相互给予无条件的最惠国待遇。此后,英国在英比条约(1862 年 7 月)、英意条约(1863 年 8 月)、英奥条约(1865 年 12 月)等一系列通商条约中都采用了无条件最惠国条款。这里需要注意的是,1860 年无条件最惠国条款与最惠国条款原始状态时的无条件性相比有几点重要区别:首先,1860 年无条件最惠国条款符合当时欧洲自由贸易发展的趋势,是在同美式有条件最惠国条款的对比中,被推广适用的,而最惠国条款萌芽时期的无条件则是一种原始的标志;其次,1860 年无条件最惠国条款列入外交条约和商约进行规定,并在以后的发展中逐步规范统一,这在最惠国条款原始时期难以见到;最后,1860 年无条件最惠国条款体现了真正的"无条件",而不同于最惠国条款原始时期的无条件背后是一种特权,限于某一行业,某一身份。总之,1860 年及以后的无条件最惠国条款更加科学规范,也被欧洲各国所采用,在这一时期,意大利订立的 24 个通商条约,德意志关税同盟签订的 18 个通商条约,奥匈帝国订立的 14 个通商条约,法国签订的 19 个通商条约,全部含有无条件最惠国条款,该条款也就逐渐成为欧洲的"共同商法"。而在此一阶段,除了美国继续坚持有条件最惠国条款,其他美洲国家也与欧洲多订立无条件最惠国条款,无条件最惠国条款成为此后许多国际贸易协定的必备条款。无条件最惠国条款带来的最大影响就是关税削减、推动贸易自由,从此科布登—切维利尔自由贸易网络体系在欧洲地区"不断扩展"①,可以说,在欧洲贸易自由化的这次浪潮中,无条件最惠国条款起到了关键的推动作用,极大地改变了未来欧洲的贸易发展格局。

不过,19世纪中国与最惠国条款的初次接触则带着浓浓的火药味,腐朽的清王朝是在英国坚船利炮的威胁与打击下被迫打开国门。虽然近年的研究表明清王朝并不是如以往所认知的彻底闭关锁国,也不是完全如费正清的冲击—回应理论所指出的中国的近代化必须由外部进入,是纯粹被动地卷入全球贸易,而是在鸦片战争前的较长一段时间在国际贸易中占据重要地位,但是,这种贸易的优势地位并未推动中国的现代化,也未开阔国人的视野,导致在和英国签订条约时轻易地承诺片面最惠国待遇,而这一承诺对近代中国的国家经济、政治、文化造成了极大的损害,可谓流弊无穷,也背离了最惠国条款设立的初衷。

二战后,有识之士吸取教训,提倡贸易自由,希望以法律制度稳固国际经济关系。GATT/WTO协定中,最惠国条款得到高度重视,GATT第1条就规定普遍的最惠国待遇,最惠国待遇成为自由、平等贸易的轴心。而随着国际贸易的发展,最惠国条款也发生着巨大的变化,其内容愈发详细与科学,并与不歧视、特惠制、原产地、国民待遇、数量限制、保障法条等多个条款发生相互影响与关联,共同架构了整个世界贸易的规则体系。在GATT/WTO多边贸易体制内,最惠国条款作为法律基石被多边化了,也从传统的经贸领域扩展到航运、投资、服务、知识产权、侨民保护、民事司法救济多个方面。中国从80年代开始"复关入世",过程中又以与美国的永久最惠国待遇谈判最为关键。1979年中美双边贸易关系协定规定了互惠的最惠国待遇,但"杰克逊—瓦尼克修正案"的通过导致美国国会借机要求总统每年审议一次中国的移民做法,以决定是否继续给予中国最惠国待遇,这种审议长达20年,其

---

① "意大利1863年1月加入该网络,之后瑞士于1864年6月,瑞典与挪威于1865年2月,一个月后汉萨城镇相继加入;西班牙于1865年6月,荷兰在7月,最后奥地利于1866年12月也加入进来。"[英]彼得·马赛厄斯、悉尼·波拉德主编:《剑桥欧洲经济史——工业经济:经济政策和社会政策的发展》第八卷,王宏伟等译,经济科学出版社2004年版,第37页。

中经历了东欧剧变、人权与最惠国审议的挂钩与脱钩、美国两党轮流执政等重大事件,最终在经济全球化浪潮下两国做出了最符合国家利益的决定,也推动了全球经济的发展。

第三节　　　　　最惠国条款的分类

对于最惠国条款的分类,学者们进行了很多尝试:格利尔(Glier)以所均沾的利益是为当时已为第三国所享受为限还是包括未来所给予的利益来进行划分;格列哥利(Gregory)则认为有条件的最惠国条款与无条件的最惠国条款之间的划分很重要;安徐洛底(Anzilotti)则选取了三组标准,包括单务的与双务的、绝对的和有限制的、明确的和有条件的。

实际上,最惠国条款可以从形式和内容两个层面来进行类型划分。就形式而言,可以分为独立形式和非独立形式两类,独立形式是指最惠国条款单独出现,属于两个国家就最惠国待遇的个别协商,一般采用这种形式的国际协商都是通过换文实现,而依据换文是否需要国家首脑批准,又可划分为两类,1892 年的 7 月 21 日的法国与巴拉圭之间的最惠国条款经过了两个元首的签字认可,而 1923 年 10 月 2 日的日奥最惠国条款,其换文只要政府代表签字就发生效力。非独立形式的最惠国条款即包含于有其他内容的条约中,成为条约的一部分,这种类型的最惠国条款多规定于通商行船等商约中,如晚清中国与西方列强签订的最惠国条款就多载于商约协定中。内容层面,则能依托四组标准进行界分。

一、有条件的最惠国条款和无条件的最惠国条款

有条件的最惠国条款即前述美式最惠国条款,这种类型的最惠国条款规定,缔约方依托最惠国条款,可以获得另一方给予第三方的优惠待遇,但这种待遇不能自然取得,缔约方必须支付相同的补偿或相应的

对价。例如,1848 年 11 月 21 日英国与黎比利亚签订的《通商条约》第 7 条①为有条件的最惠国条款,即缔约双方同意受条约制约,通过本条约授予对方最惠国的地位。缔约一方已实际发放,或今后可能授予的,在商务和导航领域的任何优惠,特权或豁免,缔约另一方的国民或公民无偿获得。如果其他国家获得的优惠是需要对价的,或优惠是有条件的,则缔约双方另行协调磋商。有条件的最惠国条款立足于不歧视,对没有提供特殊对价的缔约方并不提供基于第三方提供特殊对价所获得的优惠待遇,其核心是将最惠国条款特殊化、区别化、单独磋商化,为自身的国际政治、经济运作留下可回旋的空间。近代中外条约中也有有条件的最惠国条款,使用者有巴西、墨西哥、德国、葡萄牙、瑞典等国。而与不同国家签订的有条件最惠国条款使用的词句也不相同,如中国与墨西哥签订的《通商条约》第 6 款②,该有条件的最惠国条款特别提到"甘让""酬报",这是典型的互惠型最惠国条款,双方都要承担相应权利义务。而在中国与德国、葡萄牙等国的有条件的最惠国条款中则只强调"须于所议专章一体遵守",按德国学者施丢克尔所言,该条文"只是愿意承认原来与这些权利有关联的施行细则"。③ 这就意味着即使该专章出于胁迫或者存在其他不公正的因素,只要其他最惠国愿意履行专章的细则,同样可以均沾专章的特权,这就在事实上扭曲了最惠国

① 该条约第 7 条规定:"It being the intention of the two contracting parties to bind themselves by the present treaty to treat each other on the footing of the most-favoured-nation, it is hereby agreed between them that any favour, privilege, or immunity whatever, in matter of commerce and navigation, which either contracting party has actually granted, or may hereafter grant, to the subjects or citizens of the other contracting party, gratuitously, if the concession in favour of that other state shall have been gratuitous or in return for a compensation as nearly as possible of proportionate value and effect, to be adjusted by mutual agreement, if the concession shall have been conditional." [日]手塚寿郎:《最惠国条款论》,郑允恭译,商务印书馆、书林书局影印本,中华民国二十五年(1936 年)版,第 30~31 页。

② 该条约第 6 款规定:"嗣后两国如有给与他国利益之处,系出于甘让立有互相酬报专条者,彼此均须将互相酬报之专条一体遵守,或互订专章,方准同沾所给他国之利益。"王铁崖编:《中外旧约章汇编》(第一册),生活·读书·新知三联书店 1957 年版,第 935 页。

③ [德]施丢克尔:《十九世纪的德国与中国》,乔松译,生活·读书·新知三联书店 1963 年版,第 132 页。

条款重要的平等互惠内核。

无条件的最惠国条款即前述欧式最惠国条款,该类型条款要求缔约国给予第三国的优惠与利益,允许另一缔约国无条件、无对价地均沾。例如,1911 年 8 月 3 日,英国与日本签订的《通商行船条约》第 24 条①规定了无条件的最惠国条款,即缔约双方同意,在商务、航行、工业领域,任何优惠、特权、或免检便利,缔约方已经给予或今后可能授予其他外国的船舶、货物或公民的,应当立即无条件地扩展到另一缔约方的船舶、货物或公民。双方同意在商务、航行、工业领域的任何方面授予对方最惠国待遇。无条件最惠国条款是更为普遍的最惠国条款,更加凸显最惠国条款平等、便捷的特点,也是现代最惠国条款的主要表现形式。

二、有积极内容的最惠国条款与有消极内容的最惠国条款

"一方缔约国现在或将来给与第三国国民之一切利益许对方国国民均沾者,为有积极的内容之最惠国条款。约定不待遇对方国国民比第三国国民不利者为有消极的内容之最惠国条款。"②二者一个是正面给予利益,一个是保证不歧视,都含有待遇平等的意思表示,但差别也较明显,有积极内容的最惠国条款可能是无条件最惠国条款也可能是有条件最惠国条款,有消极的内容之最惠国条款只能是无条件最惠国条款。试举一列,1907 年 2 月 17 日,英国与塞尔比订立的《通商行船

---

①　该条约第 24 条规定:"The High Contracting Parties agree that, in all that concerns commerce, navigation and industry, any favour, privilege, immunity which either high contracting party has actually granted or may hereafter grant, to the ships, subjects or citizens of any other foreign state, shall be extended immediately and unconditionally to the ships or subjects of the other High Contracting Party, it being their intention that the commerce, navigation, and industry of each country shall be placed in all respects on the footing of the most favoured nation."[日]手塚寿郎:《最惠国条款论》,郑允恭译,商务印书馆、书林书局影印本,中华民国二十五年(1936 年)版,第 30 页。

②　[日]手塚寿郎:《最惠国条款论》,郑允恭译,商务印书馆、书林书局影印本,中华民国二十五年(1936 年)版,第 27 页。

条约》第 5 条①为有消极的内容之最惠国条款，即缔约一方的产品或加工品，无论其原产地在哪里，进口至另一方的领土时，不得被征收比任何外国生产的相似产品或加工品更多和更高的税费，也不能被施加比任何外国生产的相似产品或加工品更多的限制和阻碍。可以看到，有消极的内容之最惠国条款采用的是排除一切额外的限制与歧视的方式来保证待遇的平等，这种方式自然无法再额外设定特别条件，故而有消极的内容之最惠国条款只能是无条件最惠国条款。

■ 三、单务的最惠国条款与双务的最惠国条款

单务的最惠国条款是指仅有一方缔约国承担义务，许诺将现在或将来授予第三国的利益，由另一缔约国均沾。试举一例，1855 年 4 月 18 日，英国与暹罗政府签订的《通商条约》的第 10 条②为单务最惠国条款，即英国政府和其货物将被允许免费获得暹罗政府授予其他国家政府或货物的同样的优惠。实际上，单务的最惠国条款难以体现最惠国条款追求的公平性，应为例外形式，但国际条约以国家实力为后盾，在当时欧美国家与亚非国家的条约中多见这种形式，包括《凡尔赛合约》中都出现了对战败国规定单务最惠国条款的情况。就晚清中国而言，从 1843 年 10 月 8 日中英签订《五口通商附粘善后条款》开始，清王朝与列强签订的诸多商约中多为单务的最惠国条款，单务的最惠国条款也成为列强破坏中国主权、蚕食中国利益的有力工具。双务的最惠国

---

① 该条约第 5 条规定："The article, the produce or manufacture of one of the contracting parties, imported into the territories of the other, from whatever place arriving, shall not be subjected to other or higher duties or charges than those paid on the like articles, the produce or manufacture of any other foreign country, nor shall any prohibition or restriction be maintained or imposed on the importation of any articles, the produce or manufacture of any other foreign country."[日]手塚寿郎:《最惠国条款论》,郑允恭译,商务印书馆、书林书局影印本,中华民国二十五年(1936 年)版,第 27～28 页。

② 该条约第 10 条规定："The British Government and its subjects will be allowed free and equal participation in any privileges that may have been, or may hereafter, be granted by the Siamese Government or subjects of any other nation."[日]手塚寿郎:《最惠国条款论》,郑允恭译,商务印书馆、书林书局影印本,中华民国二十五年(1936 年)版,第 28 页。

条款则更符合国际政治、经济的发展,在亚非国家的实力不断发展之后,单务的最惠国条款逐渐被双务的最惠国条款所取代。以日本为例,开国之时日本与欧美各国签订的商约中都包含有单务的最惠国条款,后来逐步被更公平的双务最惠国条款取代。

四、概括型的最惠国条款与限定型的最惠国条款

此种界分,是基于最惠国条款涉及的范围大小不同而作出的区分。概括型最惠国条款是指缔约方给予另一缔约方均沾的利益包括其授予任何第三国的各种利益,而对利益的种类、内容、条件不加特别限制。《五口通商附粘善后条款》中的最惠国条款就属于这一类型,英国可以均沾晚清政府授予各国的任何利益。而限定型最惠国条款则是通过设置条件或界限对最惠国条款的适用加以限制,以缩小其适用范围。具体而言,"此项利益之限制,有止许均沾所给予限定第三国之利益者,有止许均沾特定之利益者。前者之中,更有(一)明记限定之第三国者与(二)不许均沾所给与一定第三国之利益者"①。限定型最惠国条款因限制条件不同而类型繁多,也多为世界各国所采用,如 1860 年的英法通商条约,1903 年 12 月 29 日意大利与古巴签订的通商行船条约的最惠国条款都采用了这种条款形式。

<table>
<tr><td>第四节</td><td>最惠国条款的解释</td><td>▶▶▶</td></tr>
</table>

最惠国条款对一个国家国际交往、商贸往来、技术流转等利益会产生重要深远的影响,因此,应注重对其进行解释。解释的主要目的在于划定最惠国条款的适用范围,限制其适用畛域与有效时间,防止其被滥用。

---

① [日]手塚寿郎:《最惠国条款论》,郑允恭译,商务印书馆、书林书局影印本,中华民国二十五年(1936 年)版,第 29 页。

一、系统性解释

无条件最惠国条款,看似没有任何限制,但如果其为通商航行条约的一部分,则该无条件最惠国条款应仅适用于贸易、通商、航行领域,而不能无限制地扩大到诸如传教、建房、身份等其他领域。这里有一起"公案"①——1921年至1922年英法关于生于突尼斯者国籍问题的争论。法国非常合理地运用最惠国条款的系统性解释方法,以签订条约的类型限制最惠国条款的适用范围,从而拒绝不利于本国利益之要求。就晚清政府与列强签订的最惠国条款而言,虽然多为无条件最惠国条款,但其多规定于商约之中,晚清政府本可基于此而要求对最惠国条款的适用予以界定与限制,将其局限于通商领域,从而将国家利益受到的损害降到最低,但晚清君臣并无此意识,在交涉中逐渐让步,使得商约中的无条件最惠国条款被无限制地滥用,给国家民族造成了严重损失。

二、语义解释

除了最惠国条款所在条约的性质,还有一种方式可以对最惠国条款进行限制,即从语义层面进行限制。在最惠国条款中,最重要也最容易引发争议的就是"利益"一词,何种利益、利益的范围、该利益的均沾是否需要和第三国协商等,都需要进行具体分析。1913年,法国大审院对法德讼案的判决即一实例。1871年,法德签订的《法兰克福条约》第11条规定了最惠国待遇,德国根据这一规定要求享有1869年6月15日《法瑞条约》中法国给予瑞士人的身份特权。对此,法国大审院认为,最惠国条款的目的利益应与要求均沾的事项利益相同或相近,《法兰克福条约》规定的是贸易范畴内的最惠国待遇,而《法瑞条约》约定的是身份方面的特权,两种利益并不相同或相近,因此,德国不得均沾此

---

① 英法争论如下:"法国曾于一八九六年九月二十九日与意大利订有条约,对于生于突尼斯之意人,给与国籍上之特别利益。一九二一年英国籍口有最惠国条款,要求对于生于突尼斯之英人许其均沾同样之利益。法国则以对英最惠国待遇,不过约定于通商条约,并无许其均沾国籍上利益之义务,拒绝英国之要求。"[日]手塚寿郎:《最惠国条款论》,郑允恭译,商务印书馆、书林书局影印本,中华民国二十五年(1936年)版,第64页。

利益。而对于限定型最惠国条款,还有更多的空间可供协商界定,比如除了限制于特定权利外,所给予的利益是仅指当下所给予第三国的利益,抑或是现在及将来授予第三国的利益。再比如,这些特别利益的均沾是自动获得,还是需要进一步谈判。这些对"利益"一词的不同解释,缘于法律词汇的模糊性。著名学者哈特对法的不确定性有深刻的认识,他认为:"即对于'什么是法律?'这一问题而言,除了一些明确的标准情况(它们被现代国家的法律制度所设定,这些制度是法律制度,对此没有人表示怀疑)之外,还存在一些模糊的情况……原始法和国际法就是这类模糊的典型。"①法律语言的模糊性缘于对象与自身两个层面:一是法所调整的对象是社会关系,这种对象不具有非常明确的内涵与外延,因此语言通常难以精准地对其进行描述与刻画;二是语言本身具有模糊性,其所承载的表征并不足以对应意图"所指"的对象,并进行完全不失真的传递,"结果造成了语言表征与所指的分裂,而且这个裂缝被越扯越大,有时候达到二者几乎完全脱节的地步"。② 法律的确定性只是在相对层面上存在,而对最惠国条款而言,法律词语解释的模糊性就是一把双刃剑,使其能成为蚕食别国利益或保护本国利益的有力武器。列强在与晚清政府交涉的过程中,将这一模糊性利用到了极致,从而利用最惠国条款以最低的成本侵吞了许多晚清政府本未放弃的主权与利益。

■ 三、效力解释

如果说最惠国条款所在条约的性质和条款语意限制是从文本层面上对最惠国条款进行解释限制,那么最惠国条款的效力问题,则是从时限层面来对其进行限制。缔约国双方订立最惠国条款,就该条款本身而言,是从条约生效之日发生效力,但其具有的实际内容则是有待第三国享受某缔约国所给予利益之时。这其中可以分为两类,一类是最惠国条款签订时,某一缔约国已将某种利益给予第三国,依据最惠国条

---

① 　[美]哈特:《法律的概念》,张文显、郑成良等译,中国大百科全书出版社 1996年版,第3～4页。

② 　沈敏荣:《成文法的演进与我的法制建设》,载《湖南省政法管理干部学院学报》1999 年第 1 期。

款,另一缔约国可以均沾,这使得最惠国条款签订时便载有某种实体利益内容。另一类则是最惠国条款签订时,尚无第三国享有某一缔约国给予的涵盖于最惠国条款范围内的利益,这使得最惠国条款签订时便不具有任何实体利益内容,只是形成了一种规则。由此观之,无论是哪一类最惠国条款,其要涉及实体利益,发生实际效力,都要依托于某一缔约国与第三国的约定。既然最惠国条款需依托某一缔约国与第三国的约定方可具备实体利益内容,那么,当某一缔约国与第三国约定的利益已失效后,另一缔约国要求均沾该权利的请求权是否一并丧失?学者巴斯特房和巴兹南斯基对此有"不同思考"①,两位学者的观点略有出入,但对于依托的权益消失,则最惠国条款失效这一点却是一致的。实践中,这一观点也得到了各国的认可。1897 年,加拿大减轻英国输入产品的关税,德国、比利时依据与英国签订条约中德、比商品在英国殖民地与英本国商品同样待遇之约定,要求均沾这一关税优惠,英国同意了该请求。但此事引发连锁效应,与英国订立有最惠国条款另外三十五国纷纷要求均沾德、比关税减免的利益,英国应接不暇,不久便废弃与德、比的条约,使得三十五国的最惠国条款无可依托,不得根据最惠国条款均沾该利益。晚清政府在这一点上也曾经作出过较为成功的应对,1893 年中英"谷物之争"②即为实例。

---

① 巴斯特房指出:"则第三国受到利益之事实消灭时,最惠国条款之效力亦消灭。然如受益国使让许国承认利益之均沾,并通告让许国即令前项事实消灭,条款效力应行继续,倘无何等答复或无反对之意思表示,则条款之效力继续存在。"巴兹南斯基修正道:"第三国受益事实虽已消灭,而让许国与受益国合意,故可使条款效力继续存在,此际应解为条款之效力非赖条款本身而继续存在,乃因新条约成立,仍与受益国以籍条款而均沾之利益。"[日]手塚寿郎:《最惠国条款论》,郑允恭译,商务印书馆、书林书局影印本,中华民国二十五年(1936 年)版,第 69 页。

② 中英谷物之争过程:"中国曾许华商轮船公司(The China—Merchant Steam navigation)无税输入谷物权,英国以违反中、美约(约定同样权利给予美国人之条约)。同时亦违反中、英最惠国条款(英国因最惠国条款而可享受此利益),提出抗议。然中国答之曰:中、美条约已废弃,故英国无权根据最惠国条款请求前项关税上之利益。"[日]手塚寿郎:《最惠国条款论》,郑允恭译,商务印书馆、书林书局影印本,中华民国二十五年(1936 年)版,第 68 页。

第二章

最惠国条款在中国近代的殖民性扩张及应对

历史学家蒋廷黻曾经写道:"中西关系是特别的。在鸦片战争以前,我们不肯给外国平等待遇;在以后,他们不肯给我们平等待遇。"[1]这句话非常清晰地勾勒出晚清以降,中西交往的大致曲线。鸦片战争以前,在国家关系中,晚清政府极力矮化、丑化西方列强,为国际交往和经济交流设置诸多障碍;而鸦片战争以后,西方列强通过不平等条约,压制晚清政府、掠夺中国财富、迫害中国人民。最惠国条款就是这些不平等条约中的重要条款,它的存在制造了一个牢笼,在这个牢笼的压迫下,晚清政府步步妥协,丧失了一系列国家主权,导致了中国半殖民地化程度逐步加深。

| 第一节 | 1840—1899 年最惠国条款在华殖民性扩张及回应 | ▶▶▶ |

一、第一次鸦片战争后英、美、法搭建最惠国条款体系基本框架

以中国与英国、美国、法国三国的条约为开端,最惠国条款在近代中外条约中多次出现,而后中国的诸多国家利益便因为最惠国条款逐步消弭甚至丧失,这也成为近代中国屈辱史的一个重要缩影。

---

[1] 蒋廷黻:《中国近代史》,武汉出版社 2012 年版,第 7 页。

（一）中英率先订立最惠国条款

中英鸦片战争之初，时任英国外交大臣巴麦尊①于 1840 年 2 月向执行侵华行动的两位大臣海军少将懿律和海军上校义律发布一号训令，训令附件三名为《拟同中国订立的条约草案》，其中包含英国侵华所希望达成的 10 个目的。尽管有学者对这个条约草案的效力持怀疑态度，因为草案本身包含"随意加以修改和变更"字样，但实际上，此处的"修改"更像是指条约的文稿样式、段落布局、用语等形式层面可以任意改动，而非实际内容的大幅度修订。巴麦尊的继任者阿伯丁也只是对草案进行修订而非废弃，同时，比对《南京条约》的正式条文，更可以见到很多对这份草案的继承与补充。可以说，巴麦尊草案对后续中英关系的发展有着至关重要的影响。而在这份草案结尾处有一个"备忘录"②，备忘录中"编号为五的商务条款"③实际就是最惠国条款，说明在战争之初，英国就有获取最惠国待遇的意图。之所以 5 个商务条款会和割让岛屿形成二选一的模式，是源于英国对通过战争获取的利益大小难以评估，所以在利益诉求上有所顾忌，而并非英国认为 5 个商务

---

① 巴麦尊（Henry John Temple Palmerston，1784—1865），亦译作帕麦斯顿，出身于爱尔兰贵族，承袭子爵爵位。他毕业于剑桥大学，1807 年踏上政治舞台，任英国海军部部务委员。1809—1818 年出任战争大臣，1827 年入阁，1830 年首次担任外交大臣，1851 年底离开外交部。1855—1858 年、1859—1865 年又两次组阁，连续担任英国首相近十年。从 1830 年到 1865 年死去，他几乎一手包办英国的对外政策，是第一、二次鸦片战争时期英国对华侵略政策的主要制定者。

② 备忘录载明："如果中国政府表示，它原意允许英国臣民建立商馆并为在大陆进行贸易一事做出永久安排，而不愿割让岛屿，那末，上述第三款应予以省略，而且以下五个条款，编号标明为第三、四、五、六、七等款（商务）应加入本条约中。"《英国档案有关鸦片战争资料选译》，胡滨译，中华书局 1993 年版，第 551 页。

③ 备忘录编号为五的商务条款载明："如果中国政府在任何时候禁止任何一项特定的商品入口或出口，那末，该禁令应公正无私地适用于所有各国的贸易。同时，中国政府保证把目前任何一个国家的臣民或公民在华享有的关于贸易事务方面的所有特权，给予英国臣民和英国贸易；而且，如果今后把同样性质的任何更多的特权给予任何一个国家，那末，这些特权应同时并在同样条件下也给予英国臣民和英国贸易。"《英国档案有关鸦片战争资料选译》，胡滨译，中华书局 1993 年版，第 552 页。

条款的地位不如割让岛屿,这在 1841 年 2 月 3 日巴麦尊"新训令"①上有明确说明。其实,就英国方面而言,割取岛屿也是为了获取通商据点,为未来的通商安全提供一定保证,这与商约条款并行不悖。这里还需要注意的是,该处的最惠国条款只涉及"贸易事务方面",而不是毫无限制的最惠国条款,但在最终的《五口通商附粘善后条款》中却被表述为无限制的最惠国条款,这对中国国家权益造成了极其恶劣的影响。

相比英国的处心积虑,晚清政府方面,统治阶层完全缺乏国际法知识,对和约可能带来的深远影响可谓毫无所知。其外交表现乏善可陈,甚至出现多处重大失误,主要表现如下:一方面,晚清君臣在《南京条约》已经议定的情况下,允许继续磋商并添注约内,为《五口通商附粘善后条款》的签订打下伏笔。道光二十二年(1842 年)七月二十六日上谕,确认各条均准照议办理。此时与英议和之事应终结,但同年八月初二,道光再下"开议上谕"②,这种贸然继续开议,极具危险性。在《南京条约》签订后的第三天,钦差大臣耆英在未收到道光要求其继续谈判的上谕之时(耆英于 1842 年 9 月 13 日收到继续谈判的上谕),就主动向英方发出了继续谈判的"照会"③,并附有 12 项交涉内容,继续扩充了谈判的范围,使得更多重要权益成为可以谈判的内容。英方谈判代表

---

①　该训令载明:"如果中国政府宁可缔结一项商约而不愿割让一处岛屿,那么这样一种与割让一处岛屿对等的条件,女王陛下政府将会予以接受……否则你就无法给予中国政府对一件商约的选择权,而商约却可能是对英国利益最有利的选择,同时也是招致中国政府最少反感的一种办法。"[美]马士:《中华帝国对外关系史》,第一卷,张汇文、姚曾廙等译,上海世纪出版集团 2006 年版,第 698 页。

②　上谕载明:"以上各节,著耆英等向该夷反复开导,不厌详细,应添注约内者,必须明白简当,力杜后患,万不可将就目前,草率了事。"中国第一历史档案馆编:《鸦片战争档案史料》(第六册),天津古籍出版社 1992 年版,第 185 页。

③　照会载明:"惟贵国所定条款,期于永久遵行;而中国亦有盟言,必须预为要约。盖事订其初,后来可免反复。言归于好,无话不可商量。"茅海建:《天朝的崩溃》,生活·读书·新知三联书店 1995 年版,第 492 页。

璞鼎查①自然对继续谈判表示热烈欢迎,在其照会中指出:"其(耆英照会)内有数件,甚属重要,应另缮一单,附粘本约。"②这便是《五口通商附粘善后条款》的由来。另一方面晚清君臣轻易地应允了最惠国待遇,在耆英的 12 项交涉内容中,包含一项关于通商口岸只允许英国商民前往通商,其他国家商民欲前往,则英方应进行讲解劝阻的提议,但璞鼎查予以拒绝,并指出清朝政府应允许他国赴通商口岸贸易。实际上,第一次鸦片战争后,美法两国的频繁活动也逐渐使得耆英了解到阻止其他国家去通商口岸贸易存在困难,本着天朝怀柔远人、以示平允的政策,其认为应准予美法同样的权利。但他又畏惧英国反悔,阻止通商口岸向他国开放,于是便引用了璞鼎查照会中的"毫无靳惜"一词,将其载明条约,便有了《五口通商附粘善后条款》第 8 款的前半部分。此时,尚未见到最惠国条款的身影,故而对中国的影响也有限。但是在条约签订前,英国送达的英文版本为该条增加了一个关于最惠国待遇的"但书"③,这就明确在条约中提出了最惠国条款,还是片面的最惠国条款。对于这个但书,耆英于道光二十三年(1843 年)九月初六给皇帝上的奏折上有"明确论述"④。可见,对于这个但书,晚清政府是注意到了的,

① 璞鼎查(Henry Pottinger)亦称砵甸查、砵甸乍、波廷杰。英国人。早年入海军。1803 年随军至印度,参与对印度的侵略。1840 年在侵略阿富汗战争中晋封男爵。1841 年 4 月,被英国政府任命为侵华全权代表,来华扩大侵华战争。亲率舰队攻陷厦门、定海、镇海、宁波和乍浦。1842 年 6 月侵入长江,先后攻陷吴淞、上海、镇江。8 月在南京胁迫清政府代表耆英、伊里布签订中英的《南京条约》,后又签订《五口通商附粘善后条款》。

② 茅海建:《天朝的崩溃》,生活·读书·新知三联书店 1995 年版,第 501 页。

③ 该条约第 8 款第一个"但书"规定:"但各国既与英人无异,设将来大皇帝有新恩施及各国,亦应准英人一体均沾,用示平允。"王铁崖编:《中外旧约章汇编》(第一册),生活·读书·新知三联书店 1957 年版,第 36 页。

④ 耆英奏折载明:"前此会议善后条约,本系臣耆英主稿,会衔照发该酋,令其复核。该酋于各国一体准赴五口贸易条内,添出将来大皇帝有新恩施及各国,准英人一体均沾等句。臣等疑其于现定税则马头内别有要挟,饬令黄恩彤、咸龄向在省夷目屡加诘询。据称税则马头业已议定,断不敢另有要求。惟闻咪唎嘅欲求进京,倘蒙大皇帝允准,伊国亦当邀恩等语……且安知其非互相勾串,先由咪唎嘅巧为尝试。臣等又饬黄恩彤等遴委干员,向咪唎嘅夷目妥为开导,并谕以不可为人所愚,该夷目始允禀阻。"中国第一历史档案馆编:《鸦片战争档案史料》(第七册),天津古籍出版社 1992 年版,第 325～326 页。

所以才会"屡加诘询",而且还发觉西方列强互相勾结的可能性。但是其天真地认为该但书只涉及"税则马头"和"使臣进京"两个要求,而"税则马头"已议定,"使臣进京"应当能够拒绝,便认为英国"断不敢另有要求",简单地认可这一但书。晚清政府还隐约认识到这个"但书"的后续效力,为防止更多变故,便在"但书"后再加一个进行限制的"但书"①,至此构成《五口通商附粘善后条款》第 8 款②全文。这便是中国近代史上第一个最惠国条款,其核心在英国增加的"但书"上,而晚清政府增加的"但书"用语模糊,"不得借有此条,任意妄有请求"并未界定何为"妄有请求",沦为具文,无法实现晚清政府希望借用这个但书控制最惠国条款的适用范围、防止滥用的目的。这是中外最惠国条约体系的第一块"砖头",到此时,因没有其他国家的条约特权能引用,最惠国条款的效用并没有发挥出来。但随着晚清与其他国家条约的不断签订,最惠国条款可以引用的特权越来越多,相互叠加,形成一种倍增效用,一旦赋予一个国家特权,就实际赋予全部最惠国相同的特权。英国正是凭借最惠国条款均沾了美国的修约特权,拉开了第二次鸦片战争的帷幕。

(二)中美《望厦条约》扩大最惠国条款的适用范围

早在清乾隆年间,美国便开辟了对华的贸易航线,1789—1790 年间,自中国运出的商品仅茶叶一项就为 300 万磅,到 19 世纪 30 年代,中美贸易货值更是"增长迅速"③。可见,美国一直在中美贸易中拥有巨大的商业利益,这就使得美国对中英战争及签约情况极其关注。同

---

① 该条约第 8 款第 2 个"但书"载明:"但英人及各国均不得借有此条,任意妄有请求,以昭信守。"王铁崖编:《中外旧约章汇编》(第一册),生活·读书·新知三联书店 1957 年版,第 36 页。

② 该条约第 8 款规定:"向来各外国商人只准在广州一港口贸易,上年在江南曾经议明,如蒙大皇帝恩准西洋各外国商人一体赴福州、厦门、宁波、上海四港口贸易,英国毫无靳惜,但各国既与英人无异,设将来大皇帝有新恩施及各国,亦应准英人一体均沾,用示平允;但英人及各国均不得借有此条,任意妄有请求,以昭信守。"王铁崖编:《中外旧约章汇编》(第一册),生活·读书·新知三联书店 1957 年版,第 36 页。

③ "到 1833 年,美国输入中国的货值已占欧美各国输入中国总值的 1/5,美国自中国输出的货值则占欧美各国自中国输出总值的 1/4。"刘吕红:《试论"韦伯斯特训令"与〈望厦条约〉的关系》,载《贵州师范大学学报》1995 年第 4 期。

时,美国政界对中英战争的性质认识则渗透着其对中美外贸不平等地位的不满,时任美国国务卿、众议院外交委员会主席约翰·坤赛·亚当斯的"观点"①极具代表性,美国急欲改变这种外交和外贸模式。鸦片战争期间,美国派加尼率领东印度舰队来华,其接受的命令是保护侨民和制止美舰走私鸦片,但加尼本人却更关心美国的商务特权,尤其是最惠国待遇。《南京条约》签订后 6 个星期,在未经美国国会授权的情况下,加尼致函两广总督,要求商议"贸易问题"②,加尼函件中的"同别国商人一样"一语已经暗含最惠国待遇诉请,而其要求也得到耆英的"首肯"③。但道光帝并不认可,于 12 月 12 日下达遵守旧制的"谕令"④,晚清君臣之间的不同观点因伊里布的"力争"⑤而得到统一。这里需要说明的是,并非道光对美国利用最惠国条款的意图有清晰认识而对订约有抵制,其只是为固守旧章定制,以免节外生枝。而伊里布以及耆英在与列强打交道时,则从较为实际情况出发,

---

① 约翰·坤赛·亚当斯认为:"中华帝国的基本原则是排斥商务的。……它不承认有和他国维持通商的任何义务。它完全否认其他国家和它本身的平等,甚至于否认它们的独立……战争的原因是叩头!——是中国妄自尊大的主张:它不要在相互平等的条件上,而要在君臣之间那种侮辱和卑贱的形式上维持和其余人类的商业交往。"[美]泰勒·丹涅特:《美国人在东亚》,姚曾廙译,北京商务印书馆 1959 年版,第 93~94 页。

② 加尼函件载明:"本水师提督心情紧急,恳请大员奏闻大皇帝察查此事。且我米利坚国,每年贸易算不得稀少,故敢请朝廷施恩惠顾,商人贸易,容其买卖,即同别国商人一样。"[美]泰勒·丹涅特:《美国人在东亚》,姚曾廙译,商务印书馆 1959 年版,第 94~95 页。

③ 耆英指出:"决不令米国商人致有偏枯也(即他们利益当被照顾)。本部堂之心无他,惟有仰推大皇帝怀柔远人之心,俾中、外以信义相结,永久相安,俾商贾各得其利,百姓各安其生,共享太平之福而已,谅有同心也。"[美]泰勒·丹涅特:《美国人在东亚》,姚曾廙译,商务印书馆 1959 年版,第 95 页。

④ 上谕载明:"总当循照旧章,不可有所更改……倘敢觊觎设立马头等事,务即剀切谕止,断不准稍有迁就。总期于怀柔远人之中,示以天朝定制,俾无滋生事端为要。"茅海建:《天朝的崩溃》,生活·读书·新知三联书店 1995 年版,第 518 页。

⑤ 伊里布奏折载明:"若我专准嘆咭唎在添设马头来贩,他国均不准来同贩,恐其船只衣服无甚区别,难以辨白准否。且恐阻止致节外生枝,反使各国以嘆国借口。又虑嘆咭唎串通一同前来商贩,我亦难于阻遏,反使惠出夷酋,而各国德在嘆国,怨在中国,亦为失算。"中国第一历史档案馆编:《鸦片战争档案史料》(第六册),天津古籍出版社 1992 年版,第 694 页。

认识到阻止列强去新的通商口岸通商难以实现,不如主动开放港口,以使"德在中国",不过其同样未能意识到开放港口与给予最惠国待遇之间的重要差异。

美国方面加紧行动,1843 年 5 月 8 日,著名的"韦伯斯特训令"发出,该训令是顾胜①来华展开外交行动的纲领,其核心内容有三项:其一,美国总统任命顾胜为合众国驻华专使兼任该帝国宫廷特命全权公使;其二,指出出使的"目的"②是通商和出使北京;其三,履职的方式,区别于英国的炮舰外交,要保持一种友善与亲和。从训令内容可以明确看出,顾胜一行是为了美国的商业利益前来中国谈判,其最重要的目的便是获得和英国一样的优惠条件进入港口通商,也就是最惠国待遇,而出使北京则只是一个软目标,保持亲善态度则是实现目的的方式,其最终目的依然是为美国商业利益服务。而事后证明,进京成为顾胜逼迫耆英签订条约的谈判筹码:"又本大臣与贵大臣现议各款条约章程等情,必须尽心秉公,妥为议定;不然,则本大臣进京之事,亦未能已。"③1844 年 7 月 3 日,中美签订《望厦条约》,美国如愿与中国签订最惠国条款,同时,依照中方"提议"④,该条约以《五口通商附粘善后条款》及附件为范本,这又开了后续条约以前订条约为范本的先河。《望厦条约》在关税、领事裁判权、修约等几个重大方面对《五口通商附粘善后条

---

① 顾胜(Caleb Cushing)(1800—1879),是 1844 年同中国签订《望厦条约》的美方代表,后任美国司法部长。

② 训令载明:"你即将从事的使命的重要目的,就是使美国船只和货物根据英国商人享有的同样优惠条件获准进入这些港口……通过取得最有利的便于通商的条件并在实际可行的最大限度内致力于同中国的友好通商,在所有能够进入的港口扩大这些产品的出口,对于合众国的商业和制造业,以及农业和矿业的利益来说,是重要的问题……如果实际可行,当然希望你能够到达北京并进宫谒见皇帝本人。因此,你要时时表明,这就是你个人和你的使团的目的。"阎广耀、方生译:《美国对华政策文件选编》,人民出版社 1990 年版,第 19~20 页。

③ 茅海建:《天朝的崩溃》,生活·读书·新知三联书店 1995 年版,第 524 页。

④ 耆英致顾胜函件载明:"中国之待各国人,不能有所偏,偏则各国人心不服,是以上年本大臣议定贸易章程(中英虎门条约及附件)……大皇帝不待各国请求,即通行一体照办(指耆英对美、法宣布'皇恩'事),此即一无所偏之明证,非专为英国贸易通商所定也。至各国商人之于中国,则应遵奉新章,贸易输税,方能彼此相安"。茅海建:《天朝的崩溃》,生活·读书·新知三联书店 1995 年版,第 524 页。

款》及附件进行了巨大的突破,对中国主权损害甚巨,而英国又可以借用最惠国条款均沾《望厦条约》的全部特权,可以说《望厦条约》及以后的条约都不断地在为最惠国条款填充不同的内容,扩展西方国家在中国的特权范围。

（三）中法《黄埔条约》增加最惠国条款的适用方式

《南京条约》签订后,法国也受鼓舞,积极展开行动。1843 年 4 月 23 日,法国总理兼外交部长基佐向国王呈文,要求派遣使团前往中国,该呈文得到法国国王批准。于是,以法国公使拉萼尼为全权代表的使团成立。1843 年 11 月 9 日,在给拉萼尼的训令中,基佐指出使团的"宗旨与目的"①是获得一份包含最惠国条款的通商贸易条约。中法条约的蓝本是中英条约,而拉萼尼不仅与英国有所接触,还与刚刚签完《望厦条约》的顾盛进行了接触,所以中法《黄埔条约》受到了《望厦条约》的影响。中法双方的谈判于 1844 年 10 月 7 日开始,按拉萼尼的报告,谈判非常顺利,而耆英方面,其也未就条约内容请过旨,这与前订中英、中美条约非常谨慎、多次请旨的态度有天壤之别,只花费 13 天,至 10 月 20 日,所有条款便全部确定,10 月 24 日,中法《黄埔条约》签字。在给道光皇帝上的《酌定法国贸易条约折》②中,耆英认为谈判非常成功,该条约也很快得到御笔批准,可见,晚清君臣经过中英、中美谈判后对国家利益的让渡变得非常容易接受,其注意力甚至完全被条约外的基督教弛禁问题所吸引。然而,中法《黄埔条约》对中英、中美条约实有

---

① "拉萼泥使团的宗旨是:在英中《南京条约》基础上——基佐又确切地说:'不仅要求得到同样的利益,而且首先要取得相同的保障'——谈判和缔结一项和好、通商和通航条约。"[法]卫青心:《法国对华传教政策:清末五口通商和传教自由(1842—1856)》上卷,黄庆华译,中国社会科学出版社 1991 年版,第 248～249 页。

② 耆英奏折载明:"所有贸易条约……共计酌定条约三十五款。臣耆英当即逐款复核,与嘆咕唎、哗咗唎二国所订条约俱属相同,并无出入……于通商善后事宜均无窒碍。"中国第一历史档案馆编:《鸦片战争档案史料》(第七册),天津古籍出版社 1992 年版,第 517 页。

突破,尤其是第 35 条①为最惠国条款,该条款比英美两国最惠国条款更为不平等。依照这个条款的约定,法国对别国条约有选择适用的特权,对其有利则可援引最惠国条款均沾,对其不利则可托词不在《黄埔条约》之内从而免除适用。

在英、美、法三国条约搭建最惠国体系主要框架之后,部分欧洲小国也企图搭便车,获取通商利益,而晚清政府对这些请求只进行形式审查,即将其要求与英美法条约相比对,如果字句相同,则轻易认可,如果与条约不符,则予以拒绝。1846 年,两广总督耆英就丹麦使臣来华办理通商事宜"上奏"②,从奏折内容观之,其完全未将通商事宜考虑为国与国之间的外交谈判,而只将其与通商成案进行比照。因此,此时中国虽然尚未与这些国家签订正式的条约,但在实际操作中,已将这些国家商民与英、美、法三国等同。这就为日后其他小国与中国签订不平等通商条约开了方便之门,而这些小国只要在条约中设立最惠国条款,就能均沾西方大国在中国的一切特权。正是在这种比照成案的指导思想下,1847 年 3 月 20 日,中国与瑞典、挪威在广州签订《五口通商章程:海关税则》,这是西方小国与中国签订的最早的通商章程,其中第 2 条③即为最惠国条款。观其条文,条约中的协议关税特权源自中美条约,而"一体均沾,用昭平允"的最惠国条款表述更是和中美《望厦条约》完全一致。

---

①　《黄埔条约》第 35 条规定:"至别国定章程,不在佛兰西此次所定条款内者,佛兰西领事等官与民人不能比照遵守;惟中国将来如有特恩、旷典、优免保佑,别国得之,佛兰西亦与焉。"王铁崖编:《中外旧约章汇编》(第一册),生活·读书·新知三联书店 1957 年版,第 64 页。

②　耆英奏折载明:"本月初间,接据该国夷使比理来文,内称伊国理事韩新于上年来粤,请发各国通商章程,已蒙颁给……今蒙大皇帝一视同仁,准与各国一律贸易,务当转饬领事,约束商人,恪遵条约,以期永享利益。至求给地址与领事建屋一节,与各国条约不符,碍难照办,不得固执。"中国第一历史档案馆编:《鸦片战争档案史料》(第七册),天津古籍出版社 1992 年版,第 686 页。

③　该章程第 2 条规定:"瑞典国、挪威国等来中国贸易之人,所纳出口、入口货物之税饷,俱照现定例册,不得多于各国。一切规费全行革除;如有海关胥役需索,中国照例治罪。倘中国日后欲将税则变更,须与瑞典国、挪威国等领事等官议允。如另有利益及于各国,瑞典国、挪威国等民人应一体均沾,用昭平允。"王铁崖编:《中外旧约章汇编》(第一册),生活·读书·新知三联书店 1957 年版,第 71～72 页。

二、第二次鸦片战争后最惠国条款的扩展

（一）中国与列强签订新的最惠国条款

第二次鸦片战争后,中外不平等条约的签订达到一个高潮,英、美、法等强国与中国签订了包含了新的最惠国条款在内的条约,俄国也开始谋求最惠国条款。俄国普提雅廷使团来华之初,就向中国提出书面"照会"①,内容只涉及两点,即俄国人主要谋求两国边界问题的解决和最惠国待遇,而其最终在这两个方面都取得了成功。中俄《天津条约》第 12 条②规定了最惠国条款,但其最惠国待遇实有一定限制,从文本本身而言,应当认定该最惠国条款只适用于通商领域。1860 年 11 月 14 日,中俄在北京签订《北京续增条约》对该最惠国条款进行了再一次确认。

英国方面,《南京条约》中的最惠国条款还有"但英人及各国均不借有此条,任意妄有请求,以照信守"③这类限制性表述,到了中英《天津条约》则完全删除该限制性语句。法国也将与中国的最惠国条款进行了细化,尤其关注税则方面,要求"税则、关口税、吨税、过关税、出入口货税,一经施行办理,大法国商人均沾,用昭平允"④。

第二次鸦片战争后,美国的最惠国待遇也得到了扩充。1858 年 6 月 18 日,通过中美《天津条约》第 5 款的规定,其已经取得公使暂时驻京的权利,但这个权利有很多限制,比如"每年不得逾一次""不得驾驶

---

① 直隶总督谭廷襄派人翻译俄方要求,奏报朝廷:"所当议定紧要公事者,第一,为欲定二国早先未定交界;第二,现在各外国人在中国之通商者,无论何项得利益处,俄国之人亦欲得之,来时亦欲照此办理。倘若此二件不至驳回,附此书明白照议,请大皇帝谕旨定夺。将来二国之间忿争之处,皆可断绝。"王尔敏:《晚清商约外交》,中华书局 2009 年版,第 104~105 页。

② 该条约第 12 条规定:"日后大清国若有重待外国通商等事,凡有利益之处,毋庸再议,即与俄国一律办理施行。"王铁崖编:《中外旧约章汇编》(第一册),生活·读书·新知三联书店 1957 年版,第 88 页。

③ 王铁崖编:《中外旧约章汇编》(第一册),生活·读书·新知三联书店 1957 年版,第 36 页。

④ 王铁崖编:《中外旧约章汇编》(第一册),生活·读书·新知三联书店 1957 年版,第 106 页。

兵船""不得谕二十人之数"等，但同约第 6 条①又明确约定可借最惠国条款均沾后续条约中关于公使驻京的特权。而 1858 年 6 月 26 日的中英《天津条约》则将公使驻京由"暂时"变为可"长行居住""随时往来"。中美《天津条约》对公使驻京的全部限制条件均在中英《天津条约》中解除，而美国则可依据中美《天津条约》第 6 款的最惠国约定，均沾这些特权。两个《天津条约》的签订时间只相差数天，而中美《天津条约》第 6款似乎"精确预计"到了中英《天津条约》对公使驻京的宽松约定，很难说两个帝国主义国家之间没有相互配合与勾结。中美《天津条约》第 30 款极为露骨，将本只适用通商领域的最惠国条款明确扩展到"船只海面、通商贸易、政事交往等事情"，这种约定几乎是没有限制，使得最惠国条款被"无限滥用"②成为可能。同年，中美在上海签订《通商章程善后条约：海关税则》，其中第 5 款③是对最惠国条款的运用实例，其逻辑十分清晰，即美国商民获得内地通商权，只需要依据最惠国条款从他国条约中引用，而无需与中国进行任何协商谈判。可见，最惠国条款一旦被滥用，中国会失去外交主动权，很多权利都被迫拱手让人。在中美《通商章程善后条约：海关税则》的约后附粘例册还就"协定关税"④

---

①　该条约第 6 款规定："嗣后无论何时，倘中华大皇帝情愿与别国，或立约，或为别故，允准与众友国钦差前往京师，到彼居住，或久或暂，即毋庸再行计议特许，应准大合众国钦差一律照办，同沾此典。"王铁崖编：《中外旧约章汇编》（第一册），生活·读书·新知三联书店 1957 年版，第 90 页。

②　"最惠国待遇的允诺实际上远不止于变成一个可以保持商业特权之门经常洞开的墩石……但是它的变成为一种手段，使每一个国家今后都能借以为它本国取得他国以巧取豪夺的方法劫自中国的一切特权，而又对于攫取这种让与所用的方法不负道义责任，则全然是另一回事了。"[美]泰勒·丹涅特：《美国人在东亚》，姚曾廙译，商务印书馆 1959 年版，第 96 页。

③　该条约第 5 款规定："在天津条约第三十条所载：中国凡有利益施及他国者，准美国商民一体均沾；按此，美国商民亦可前往内地通商。"王铁崖编：《中外旧约章汇编》（第一册），生活·读书·新知三联书店 1957 年版，第 138 页。

④　该例册规定："按该约条款内有云，往来买卖所纳税饷，惟照粘附在望厦所立条约例册，除是别国按条约有何更改，即应一体均同，因大合众人所纳之税，必须照与中华至好之国一律办理等因。今自和约钤印画押后，税则之中不无稍有变通更正之处，当经大清、大英、大法钦差大臣委员会议妥定，仍要大美国允行，当经大美国钦差大臣核定，准将附粘之册与原立条约一体恪守施行。"王铁崖编：《中外旧约章汇编》（第一册），生活·读书·新知三联书店 1957 年版，第 140 页。

进行了详细说明,而该特权的来源同样是最惠国条款。这是明确由税则优惠的一体均沾推出协定关税特权的实例,而协定关税是中国近代史上丧失的三大利权之一,关税自主权的失去使得中国的财源受到西方国家的掌控,国力大受削弱,更加难以对抗西方列强的入侵,其祸深亦。

(二)中国与其他国家签订大量最惠国条款

这一时期,中国也与其他国家签订了一系列不平等条约,而其中几乎都包含最惠国条款,极大地增加了中外不平等条约影响的范围。这里应该关注的是 1863 年 8 月 23 日①中比签订的《通商条约》,通过对围绕该条约外交纷争的解读,可以清晰地发现一些小国积极与中国签约的重要目的就在于获取最惠国条款赋予的利益均沾特权,而晚清政府在应对这些外交事务时也在一定程度上表现出对最惠国条款的怀疑与抵制。早在 1845 年,比利时就试图与中国签订条约,并派驻印度支那总领事兰瓦为特使来华。钦差大臣耆英等人拒绝订约,但根据道光帝的上谕,"该国领事兰瓦现在小吕宋候旨,五月内即可赴粤,著俟询查明确后,即将五口贸易章程一体颁发,以示怀柔"②,准许其参照已定条约通商。1862 年,比利时使节包礼士出使中国,希望与清政府订约。包礼士给钦差大臣薛焕的照会中提出的中比条约草本只有三款,而最重要就是第 1 款③,该款规定双务的最惠国条款。包礼士的目的很明显,希望借助无限制的最惠国条款均沾他国已获得的和未来可能获得的权益。同时,其用语较为隐晦,与普通的最惠国条款文字有较大差异,采用商民与钦差、领事府人员并列的表述,且未见"另有权益,一体均沾"等语,试图混淆薛焕等人的视线。不过,主持谈判的薛焕不只是

① 此日期为王铁崖之论述,茅海建依据《筹办夷务始末》和《清实录》将签约时间考订为同治元年七月十三日,即 1862 年 8 月 8 日,本文采用王说。

② 中国第一历史档案馆编:《鸦片战争档案史料》(第七册),天津古籍出版社 1992 年版,第 577 页。

③ 该照会第 1 款载明:"凡比利时国所派之钦差大臣、领事府以及各等商民、船货物件,在于中国,均应与别国受益最优者同受其益。如大清国有钦差大臣、领事府以及商民船货,前往比利时国者,比利时国应待别国同等优待。"茅海建:《第一次中比条约的订立时间及其评价》,载《近代史研究》1994 年第 2 期。

钦差大臣,还是通商事务大臣,其对外交谈判有较为清晰的认识。他发现包礼士所拟条约草本第 1 款实际就是最惠国条款,难于接受,但又怕直接拒绝会滋生事端,便另拟"三款"①,这 3 个条款只是将道光帝的上谕进行细微扩展,且完全删除了最惠国条款,并明确提出比利时公使将来不得驻扎北京。薛焕的条约草案对比利时有着较强的限制,后薛焕等人与包礼士进行多次晤谈争论,最后确定了"中比条约四款"②。四款条文基本是对现有通商情况的复述与认可,并未涉及晚清君臣最关注的公使驻京的问题,也未提及影响最深远的最惠国条款,可以说是晚清外交史上的一个较为成功的案例。不过可惜的是,该条约比利时政府并未正式批准,取而代之的是 1865 年 11 月 2 日,中比两国在北京签订《通商条约》,该条约使得比利时获得片面最惠国待遇、领事裁判权、公使驻京等各种特权。而同一时期,德国、丹麦、西班牙、意大利、葡萄牙、奥地利、荷兰纷纷与中国签订包含最惠国条款在内的通商条约,至此西欧主要国家基本完成了与中国的通商条约的签订,中西最惠国条约体系在西欧地区实现了基本覆盖。

　　除了西欧国家,这一时段值得一提的,还有中国与朝鲜的条约,朝鲜本为中国属国,甲午战争后,朝鲜脱离清朝的藩属国地位而独立,旋即与中国展开外交谈判,重点在于获取与列强一致的最惠国待遇。

---

①　条约草案载明:"一、比利时须在各通商口岸设领事,并禁止商人充当;未设领事之通商口岸,比利时商民禁止通商。二、比利时可在清政府此时已开放的 15 个通商口岸进行贸易,但不许到内地游历。三、比利时公使将来不得驻扎北京。"茅海建:《第一次中比条约的订立时间及其评价》,载《近代史研究》1994 年第 2 期。

②　该条约规定:"第一款　通商各口必须由比利时国派委领事官驻扎,或托有约各国驻扎该口之领事官代管,会同中国地方官办事;如该口无比利时国领事官及代管之领事官,则比利时商民未便前往贸易。其领事官不得以商人充当。第二款　比利时国商民应准在中国通商各口照有约各国一体贸易。第三款　比利时国商民前来中国通商各口贸易,其应税钞与商民违约示罚及查办人犯欠债各情,均照有和约各国章程办理。第四款　本约立定后,候两国御笔批准,盖用国宝,订于十八个月期内彼此各派大臣在上海互换,永远遵守。"王铁崖编:《中外旧约章汇编》(第一册),生活·读书·新知三联书店 1957 年版,第 208 页。

1899 年 9 月 11 日,中朝在汉城签订《通商条约:海关税则》,该条约第 2 款①、第 4 款②、第 8 款③都涉及最惠国待遇。其中,第 8 款显得尤为苛刻,其对中国人民的游历通商有明文的限制,而朝鲜人民的游历经商则比照最惠国人民可以获得更加优厚的待遇。

三、晚清政府对最惠国条款在华殖民性扩张的初步回应

尽管 1860 年后晚清政府与西方签订了诸多包含片面最惠国条款在内的不平等条约,但也不能就此认定晚清政府完全缺乏对不平等条约的认知,从同治时期开始,晚清政府对外交交涉就已经有了初步的认识。日本学者坂野正高总结了同治年间外交交涉的六大特点④:(1)交涉地点不在北京,而多在天津;(2)尽量限制外交使者常驻北京;(3)要求正式官员为领事;(4)条约正文增加中文版;(5)换文地点在上海,远离政治中心北京;(6)拒绝基督教。这些做法不能证明同治政府对外交条约有清晰的定位与认识,但至少可以显示其对西方的戒备,并对条约的不利影响有了基本思考,也加强了对外交活动的限制。通过 1862 年晚清政府与比利时的条约交涉则可以看出,晚清政府已经认识到,虽然比方提供的是双务最惠国条款,但由于中国已与多国签订包括片面最惠国条款在内的多个不平等条约,可供均沾的利权很多,这就是使得看似平等的最惠国条款也会造就实质的不平等,所以薛焕多次交涉,最终实现不将最惠国条款加入条约的目的。

---

① 该条约第 2 款规定:"两国秉权大臣与领事等官,享获种种恩施,与彼此相待最优之国官员无异。"王铁崖编:《中外旧约章汇编》(第一册),生活·读书·新知三联书店 1957 年版,第 910 页。

② 该条约第 4 款第 6 项规定:"六、两国商民,由货物所在之国内此通商口岸输运彼通商口岸,一遵相待最优之国人民所纳之税、钞及章程禁例。"王铁崖编:《中外旧约章汇编》(第一册),生活·读书·新知三联书店 1957 年版,第 911 页。

③ 该条约第 8 款规定:"中国民人,准领护照前往韩国内地游历、通商,但不准坐肆卖买,违者,将所有货物入官,按原价加倍施罚。韩国民人,亦准请领执照前往中国内地游历、通商,照相待最优之国民人游历章程,一律办理。"王铁崖编:《中外旧约章汇编》(第一册),生活·读书·新知三联书店 1957 年版,第 912 页。

④ [日]坂野正高:《近代中国政治外交史》,东京大学出版社 1973 年版,第 279~282 页。

与德国的条约谈判也能看到晚清政府试图对最惠国条款的适用进行限制,德国早在 1861 年通过的中德《通商条约》第 40 款①就获得了无限制的片面最惠国待遇,而 1880 年 3 月 31 日,中德《续修条约》第 1 款②虽然再一次强调了《通商条约》中的片面最惠国待遇的有效性,但却在程序上进行了有效限制,一体均沾不再具有自动性和立即性,而是需要受专章的限制。进一步分析,这个条文用三句话设置了双层限制,第一句是指欲援引他国之益,遇有专章,则应受专章本身限制,这是对均沾已经赋予的特权的限制。第三句则标明以后出现的均沾特权均须订明专章,这是对均沾未来可能赋予的特权的限制。一方面,订明专章可以使均沾的过程有一定外交程序的限制;另一方面,订明专章的谈判也预留了外交斡旋的空间,并且通过专章能使最惠国待遇模糊的用语得到明确,限制其适用的范围,对晚清政府有重大助益。

1881 年 10 月 3 日,中巴《和好通商条约》第 1 款③载明了双务的最惠国条款,该条款属于条文层面基本平等的最惠国条款,同约第 5 款④则标明,对有条件的权利让与的均沾,需受条件限制,而非自动均沾,这

---

① 该条约第 40 款规定:"两国议定,中国大皇帝今后所有恩渥、利益施于别国,布国及德意志通商税务公会和约各国无不一体均沾实惠"王铁崖编:《中外旧约章汇编》(第一册),生活·读书·新知三联书店 1957 年版,第 170 页。

② 该条约第 1 款第 2 项规定:"德国允,中国如有与他国之益,彼此立有如何施行专章,德国既欲援他国之益,使其人民同沾,亦允于所议专章一体遵守。其咸丰十年七月二十八日所立条约内第四十款,特为言明,仍遵其旧。嗣后中国所有施于他国及他国人民各益,德国人民如欲照第四十款之意,一体均沾,则亦应于彼此订明专章,一律遵守。"王铁崖编:《中外旧约章汇编》(第一册),生活·读书·新知三联书店 1957 年版,第 373 页。

③ 该条约第 1 款规定:"嗣后大清国与大巴西国暨厥人民永存和好,永敦友谊,彼此皆可前往侨居,须由本人自愿,各获保护身家、财产,并一体与相待最优之国民人同获恩施利益。"王铁崖编:《中外旧约章汇编》(第一册),生活·读书·新知三联书店 1957 年版,第 395 页。

④ 该条约第 5 款规定:"嗣后两国如有优待他国利益之处,系出于甘让,立有专条互相酬报者,彼此须将互相酬报之专条或互订之专章一体遵守,方准同沾优待他国之利益。"王铁崖编:《中外旧约章汇编》(第一册),生活·读书·新知三联书店 1957 年版,第 395～396 页。

相对较为符合中国利益。同约第 14 款①更值得关注,这是非常少见的在条文中对最惠国条款进行明文限制,说明晚清政府在有外交斡旋空间的情况下,对某些行为,如本条所指之洋药贩运能够进行明文禁止,并且能预见存在利用最惠国条款使得禁令成为具文的可能性,从而明确在条文中载明不能适用一体均沾之条,也体现其已经对最惠国条款可能被滥用之危害有了一定认识。

关于 1871 年《中日修好规约》的交涉也展现了这种外交努力,最终形成重要的外交成果。日本前来商谈通商事宜之初,总理衙门便有一些戒备,"并将该国书函原件专送到臣衙门……是该国亦欲与泰西各国一律办理"②,力陈"臣等之意准其通商以示怀柔之意不允立约可无要挟之端"③的原则,这是非常正确的应对方式。然而,日本立约态度强硬,言辞恳切,终于使得清朝放弃"大信不约"的态度,同意"明定条约"。经过前期一系列试探准备,日本于 1871 年 7 月 31 日派出大藏卿伊达宗城为钦差全权大臣,柳原前光为副使抵天津,向总理衙门递交了日方先行拟定的通商条约。日方先行拟定的通商条约与英美等国的条约高度相似,全权大臣李鸿章认为应"审慎对待"④,这种谨慎的态度使得日本陷入被动,甚至使得谈判中断。经过艰难协商,日本被迫在很多条款上让步,但其依然坚持"唯彼于章程内请添凡两国准予别国优恩及有裁

---

① 该条约第 14 款规定:"中国与巴国彼此商定,中国商民不准贩运洋药入巴国通商口岸,巴国商民亦不准贩运洋药入中国通商口岸,并由此口运往彼口,亦不准作一切买卖洋药之贸易。所有两国商民,无论雇佣本国船、别国船及本国船为别国商民雇用贩运洋药者,均由各本国自行永远禁止。此系两国公同商定,不得引一体均沾之条讲解。"王铁崖编:《中外旧约章汇编》(第一册),生活·读书·新知三联书店 1957 年版,第 397 页。

② 沈云龙主编:《近代中国史料丛刊续集 同治条约》第八辑,台湾文海出版社 1974 年版,第 1008 页。

③ 沈云龙主编:《近代中国史料丛刊续集 同治条约》第八辑,台湾文海出版社 1974 年版,第 1009 页。

④ "细查日本与泰西各国所换条约及中国与泰西各国交涉年来已形之弊,另立两国修好条规通商章程,将和约字样暨显有窒碍之处并行改去,逐句逐字讲求斟酌。"沈云龙主编:《近代中国史料丛刊续集 同治条约》第八辑,台湾文海出版社 1974 年版,第 1014 页。

革事件无不酌照施准"①,这使得日本企图均沾列强在华利益的目的暴露无遗。李鸿章也认识到"虽与本年曾国藩折内所指不可载明一体均沾等语措辞稍变而命意仍同,终属含混"②,其实就是变相的最惠国条款,而这个条款是否加入,至此成为中日商约谈判的核心议题。同年8月22日,中日重启谈判,李鸿章表示不参照欧美成约,并认为狡猾莫测者就在于仿照西约"一体均沾",如此,则会打破内地通商之禁,存在弊端。在李鸿章的奏折中,其详细论述了"防止日本商民赴内地贸迁"③的具体方案,这体现了其对最惠国条款的高度"戒备",且意图通过明确限制的词句将赴内地贸迁与最惠国条款相区隔,防止混同。虽然李鸿章并未完全发现最惠国条款的其他极其深远的影响力,而认为其只涉及赴内地贸易层面,但其"均沾一层决不许用"④的态度无疑是正确的。对此,尽管日方强烈反对,但李鸿章以罢议为威胁,迫使日本"将'一体均沾'改成'各口取益防损随时商办'"⑤。可以说,《中日修好规约》成功摒除了日本在中国内地进行通商的特权和片面最惠国待遇,是当时较为显著的外交成果。而日本明治政府则对这个条约并不认可,伊达宗城一回国就被免职,日本也迟迟不批准该条约。在换约之际,日本还试图派外务大臣柳原前光,外务少卿郑永宁等来华修约,该无理要求被李鸿章拒绝,条约于1873年被日本正式批准。

1895年中日甲午战争,中国战败后被迫签订中日《马关条约》,条

---

① 沈云龙主编:《近代中国史料丛刊续集 同治条约》第八辑,台湾文海出版社1974年版,第1015页。

② 沈云龙主编:《近代中国史料丛刊续集 同治条约》第八辑,台湾文海出版社1974年版,第1015页。

③ 该奏折载明:"臣犹思异日或有反复,遂于章程第十四款进口货不准运入内地,第十五款不准入内地置买土货两条之末添叙云以上两款系因两国各有指定口岸故需明定限制等语。如此明白揭出,俾以后无可借口此款实与均沾一层异事相因,若均沾之请径遂,即援案一切准行,虽有内地通商之禁,只属具文。彼所以始而漫许,也兹均沾之望既绝而通商会无限制。"沈云龙主编:《近代中国史料丛刊续集 同治条约》第八辑,台湾文海出版社1974年版,第1020页。

④ 沈云龙主编:《近代中国史料丛刊续集 同治条约》第八辑,台湾文海出版社1974年版,第1018～1019页。

⑤ 林希:《〈中日修好条规〉的签订及其意义》,载《今日科苑》2011年第10期。

约第 6 款①要求废除旧的条约实际就是日本获利较少的《中日修好规约》,这使得中国 1871 年的外交努力化为乌有。同时,该条款明确约定以成约为蓝本,均沾各国在商业工艺、行船船只、陆路通商等方面的特权,可以说通过该条款,日本得到了在《中日修好规约》中想达到却又未达到的主要目的,即获得最惠国待遇。日本对最惠国待遇的强调与重视并未因《马关条约》第 6 款的约定而放松,1896 年 7 月 21 日,中日签订了《通商行船条约》,在这个通商条约中,涉及最惠国待遇条款多达 6 条,分别是第 2 款、第 3 款、第 4 款、第 9 款、第 15 款、第 25 款;涉及的权益包括秉权大员领事官员享有的优例、居住商贸、税收优惠、领事裁判权等多个方面。其中,尤其值得关注的是约定领事裁判权的第 3 款②:该条款载明了日本领事官员享有裁判官管辖权,对中国国家属地主权造成侵犯;相对的,中国领事官只是被赋予外交官礼仪上及国际法上惯有的权利,治外法权则明确予以剔除。同约第 25 款③又以一种概况与扩张的描述再次强调最惠国待遇,不只是强调一体均沾别国在中国特权,还规定中日条约中已有的特权"存之勿失",其霸道专横可见一斑。1896—1898 年中日还签订了三个租界章程,这三个租界章程内均有最惠国条款,特指租界范围内别国的特权日本可以一体均沾。其中,

----

① 该条约第 6 款规定:"中日两国所有约章,因此次失和,自属废绝。中国约俟本约批准互换之后,速派全权大臣与日本所派全权大臣会同订立通商行船条约及陆路通商章程。其两国新订约章,应以中国与泰西各国现行约章为本。又本约批准互换之日起,新订约章未经实行之前,所有日本政府官吏、臣民及商业工艺、行船船只、陆路通商等,与中国最为优待之国,礼遇互视,一律无异……"。王铁崖编:《中外旧约章汇编》(第一册),生活·读书·新知三联书店 1957 年版,第 615~616 页。

② 该条约第 3 款规定:"各领事等官,中国官员应以相当礼貌接待,并各员应得分位、职权、裁判管辖权及优例、豁免利益,均照现时或日后相待最优之国相等之官,一律享受。大清国大皇帝亦可设立总领事、领事、副领事及代理领事,驻扎日本国现准及日后准别国领事驻扎之处,除管辖在日本之中国人民及财产归日本衙署审判外,各领事等官应得权利及优例,悉照通例,给予相等之官一律享受。"王铁崖编:《中外旧约章汇编》(第一册),生活·读书·新知三联书店 1957 年版,第 662~663 页。

③ 该条约第 25 款规定:"按照中国与日本国现行各约章,日本国家及臣民应得优例、豁除利益,今特申明,存之勿失。又大清国大皇帝陛下已经或将来如有给予别国国家或臣民优例、豁除利益,日本国家及臣民亦一律享受。"王铁崖编:《中外旧约章汇编》(第一册),生活·读书·新知三联书店 1957 年版,第 666 页。

以 1898 年 7 月 16 日签订的中日《汉口日本专管租界条款》第 11 条①
的规定最为苛刻,这一条将日本租界均沾的特权范围扩张为所有外国
租界与将来设有开拓之外国租界,同时,均沾的日本租界也亦超出了汉
口日租界范围,而载明为没加任何限定词的日本租界,即使其是《汉口
日本专管租界条款》内的条文,但通过文义解读可以判断为中国境内全
部日租界都可凭借此条享有最惠国待遇。

第二节	**1900—1911 年限制最惠国条款 在华殖民性扩张的外交努力**	▶▶▶

　　在与西方进行长期外交周旋的过程中,晚清政府的国家权利意识
进一步觉醒,这也促成了晚清十年的修约努力,晚清政府希望通过修约
挽回一部分国家主权,尤其是关税主权与领事裁判权,进而逐步限制最
惠国条款的滥用。晚清修约史通常被认定为萌芽于 1900 年,确定于
1901 年(《辛丑条约》签订),但 1898 年即为中西《天津条约》《北京条
约》所定的修约之期。中国总理衙门也于 1898 年 4 月 7 日"主动"②给
英国公使窦纳乐发送照会,要求与英方会谈修改商约。晚清重臣盛宣
怀也在关于加收税费的奏折③中对加税谈判的策略、修约条款的运用、
最惠国条款的影响都有较为清晰的阐述,其希望通过先与通商利益最

---

　　①　该条约第 11 款规定:"所有外国租界及将来设有开拓之外国租界施设事宜,
如别有优处,日本租界亦当一体均沾。"王铁崖编:《中外旧约章汇编》(第一册),生活·
读书·新知三联书店 1957 年版,第 790 页。

　　②　"此次中国一反往年在外交上退避被动,听任外国事先提议修约常态,主动
先向英国入手,正自显现外交知识之增长,特别在于重大国课之防护,已进而主动向
列强作挽回利权之努力。"王尔敏:《晚清商约外交》,中华书局 2009 年版,第 171 页。

　　③　该奏折载明:"查加税一层,屡议未成……又英国条约第二十七款载明,此次
新定税则并通商各款,日后彼此两国再欲重修,以十年为限……各国条约均有'利益
同沾'字样,英国必推各国,而通商以英国为最盛。"盛宣怀:《愚斋存稿》卷 3(思补楼刻
本),文海出版社影印民国二十八年(1939 年)本,第 50～52 页。转引自王尔敏:《晚清
商约外交》,中华书局 2009 年版,第 172～173 页。

大的英国协商一致,再由利益均沾条款将协商成果推及至其他西方国家,该奏折意见得到晚清朝廷的认可与支持。然而,随后发生八国联军侵华战争中中国战败的事实,使得商约谈判不得不在新的背景下展开。

1901年《辛丑条约》签订后,晚清政府开始与列强展开新一轮商约谈判。在与英国的谈判中,中方代表曾经提出"修约二十一款",但英方代表以中国没有权力提出对现有条约的修正以及中方提出条款在《辛丑条约》范围外、未被授权、无法决定等理由直接予以拒绝,使得谈判基本只能以英国提出的蓝本为基础进行讨论。在谈判过程中,贺璧理(时任江汉关税务司)作为中方官员参与谈判,但其本身又为英国人,其观点颇有参考价值,贺璧理在给赫德的信里对最惠国条款的巨大影响进行了"明确阐述"①。英国在修约谈判中企图进一步扩大其在华商贸权限,而因为最惠国条款的存在,使得各国都可以共同享有这些特权,晚清政府对此保有警觉。在最终的《续议通商行船条约》中并未涉及贺璧理担心的电报和邮政问题,而《路矿章程》第9款②也非英方草案规定的经英国同意中国才能修正自身的路矿章程,此条款明文保护中国矿物方面的主权,他国即使以最惠国条款均沾该条款,也不会对中国主权造成过多不利影响。即使就最惠国条款本身,该商约在表述时也进行了一定规制。《续议通商行船条约》第8款第14节③系最惠国条款,该

---

① 贺璧理在给赫德的信中载明:"英国代表所提的某些商约条款也无视中国的主权,恐怕也是英国政府所不能同意的。因为如果答应英国的要求,中国行政的每一个部门都可以由这个或那个国家援引英国的先例要求绝对控制。例如第五款内中国不经英国同意不能修正它的路矿章程,第八款中国随时听取和执行英国的改善电报和邮政等等建议。"王尔敏:《晚清商约外交》,中华书局2009年版,第201页。

② 该条约第9款规定:"(中国)自行将英国、印度连他国现行矿物章程迅速认真考究,采择其中所有与中国相宜者,将中国现行之矿物章程从新改修妥定,以期一面与中国主权毫无妨碍,于中国利权有益无损,一面于招致外洋资财无碍,且比较诸国通行章程于矿商亦不致有亏。"王铁崖编:《中外旧约章汇编》(第二册),生活·读书·新知三联书店1959年版,第108页。

③ 该条约第8款第14节规定:"凡在中国应享优待均沾之国亦须与中国立约,允照英国所定英商完纳加增各税并所许各项事宜,中国方能允照此条所载各节办理。凡各国与中国,或以前,或以后,立定条约内有优待均沾之款者,亦须一律允立此约。又,各国不得明要求中国,或暗要求中国给以政治利权,或给以独占之商务利权,以为允愿此条之基础,英国方能允照此条所载各节办理。"王铁崖编:《中外旧约章汇编》(第二册),生活·读书·新知三联书店1959年版,第107页。

条款要求意图均沾的国家也应担负英方的义务才能享受均沾的权利，同时，还要通过条约的方式对双方权利义务进行固定。这些表述一方面是中国外交的斡旋成果，另一方面也是英国自身的要求，贺璧理在其信件中对此进行了"详细说明"①。均沾之国均沾利益，如果不负担相应义务甚至获取额外的经济政治利益，反而会使获取特权的英商在贸易中处于不利地位，故而在最终的协议条文中，形成了"均沾之国"需要"允照英国所定英商完纳加增各税并所许各项事宜"的表述。尽管该条的相关表述并无太大的强制约束力，且更多的是立足于对第三国的限制而非对英国自身的限制，但条文文意至少表达了最惠国条款并非能随意引用的态度，对中国而言，这比之以前的条款依然是有所改善的。

中美商约谈判进程晚于中英谈判，当中英谈判已结束时，中美谈判还只进行了一轮会谈。中方代表盛宣怀提出以英约为蓝本进行谈判，"中英既已签约，即可将全部内容包入美约，可省讨论费时，且使美国以最惠国享受其中权益。古纳不接受，以为美国自有考虑重点，表示一定自作修订重点"②。盛宣怀的建议是希望国家利益的让渡尽量限于中英条约的范围内，但美国自知凭借最惠国条款已可均沾英约特权，自然不同意只在英约范围内讨论，而希望获取新的特权。这也是最惠国条款被滥用的最大危险，即让渡的特权各"最惠国"凭借最惠国条款皆可均沾，而每次单独缔约，西方列强又各自寻求新的特权，一旦成功，其"成果"又是最惠国全体享有，相互累加，中国各种国家利益难以保全。

---

① 贺璧理的信件载明："在这里应当一提关于利益均沾（最惠国待遇）的第十八款（中英《天津条约》第五十四款；1880 年中德续约第一款）。在 5 月 27 日的非正式会议上，英国代表已声明不能同意这一点，因为根据欧洲各国所共同承认的原则，即使本国让给对方的甲项权利，是由对方以乙项权利交换的，其他国家也可以援引最惠国条款享受甲项权利，而不必有给予乙项权利的义务。这个原则的唯一例外是美国总统所签订的某些互惠条约。英国商人不断地反对这种办法。假如中国答应英国进口洋盐，每吨付税十五两，其他国家就不可能要求免税进口，或缴付百分之五的从价税，它们肯定地要受缴付每吨十五两进口税的条件约束。假如另一方面中国允给法国以无税运丝出口的权利，但是法国也放弃在中国沿海行驶轮船的一切权利，这样将给法国以极大的好处，并且是德国和英国没法到手的。"中国近代经济史资料丛刊编辑委员会主编、中华人民共和国海关总署研究室编译：《辛丑和约订立以后的商约谈判——帝国主义与中国海关资料丛编之十一》，中华书局 1994 年版，第 55～56 页。

② 王尔敏：《晚清商约外交》，中华书局 2009 年版，第 212 页。

1903 年 3 月 17 日,美国代表向中方提交了一份包含 16 个条款的条约草案,中美的商贸谈判在此基础上展开,其中第 15 款①是对最惠国待遇的详尽约定。1903 年 4 月 28 日中美双方的第 21 次会议中,针对美国提出的最惠国条款草案,中国要求美国以互惠原则同样给予中方最惠国待遇,美方同意重新考虑文字修订。虽然早在 1901 年,赫德在中英谈判之前的相关"节略"②中就有获取双务最惠待遇的表述,但当时在谈判中并未提出,这次则在中美谈判中有明确的记载,而且是中方主动向西方列强提出并寻求同等的最惠国待遇,这是力图使得最惠国条款至少在形式上保持平等的努力。然而,这种努力还受到了其他因素的影响,当时美国国会把移民法律扩大适用于菲律宾法案,这会影响中国向美国移民,中方代表伍廷芳要求美方同意承诺该法律不影响中国移民,否则,中方宁愿第 15 款全部取消。最终,这一条款在中美第 33 次会谈中被美方撤回。美国未实现其整体修订最惠国条款的目的,而中国则失去了一个与西方强国签订双务最惠国条款的机会。另外,美国对最惠国条款的运用是比较灵活的,对其不太看重的权益,并非一味依靠最惠国条款进行均沾。如内港行轮权,在有英约在先的情况下,美国申明不以最惠国条款进行均沾,并依中国要求,在最终确定的条文中

---

① 该草案第 15 款规定:"中国政府同意,凡中国已给予或日后给予别国驻华官员商民关于人身、财产、分位、职权之特权、优例及豁免利益,美国官员商民得一体享受;中国规定对来自其他国家之私人物品或货物适用之最低税费率,应一体适用于美国出产制造之同类货品,不论此项货品属谁所有;中国对于美国进出口货物,不得较其他相待最优国家进出口货物加重或另征税费或施加其他限制。凡中国现在日后给予别国船舶及其货物、船员之特权、优例及豁免利益,美国船舶及其货物、船员得一体享受。中国政府建成、管理、经营或让与之铁路及轮船航线上运输费率,美国及其人民应享平等待遇。中美两国彼此订明,美国国家暨人民及其财产、利权、特权,仍应照公例相待最优之国一体待遇。"中国近代经济史资料丛刊编辑委员会主编、中华人民共和国海关总署研究室编译:《辛丑和约订立以后的商约谈判》,帝国主义与中国海关资料丛编之十一,中华书局 1994 年版,第 169 页。

② 该节略载明:"条约内一体均沾之条,此条下应照德国续约添注,既准一体均沾,则他国允从之专章,此国亦应一律遵守。若他国人民今后在有约之某国别有润及之处,中国人民无不同获其美等语义。"中国近代经济史资料丛刊编辑委员会主编,中华人民共和国海关总署研究室编译:《辛丑和约订立以后的商约谈判》帝国主义与中国海关资料丛编之十一,中华书局 1994 年版,第 3 页。

加入了"且于中国有利"字样,中方代表盛宣怀对此有过"论述"①。

中日商务谈判初始,日方草案中并未涉及最惠国条款。中日双方第一次就最惠国条款进行商谈是在 1902 年 8 月 11 日于中方代表盛宣怀寓所展开的非正式会议中,而同年 9 月 26 日的正式会议中,最惠国条款则成为详细讨论的议题。盛宣怀指出有中国旅日商民曾提出申诉,认为中国商民在日本税费负担较别国为高,该申诉经驻日公使查询,确实存在税费过高的问题,因此,中国希望在税则方面享受利益均沾的待遇。日本代表对此予以否认,认为除了英、法、德有专用税则外,其他国家商民都适用通用税则,不存在畸轻畸重的问题。对中国要求利益均沾的要求,日本代表认为除非另有特别让步的交换条件,否则,日本不会答应。同年 9 月 29 日的会议中,中方提出增加 3 个条款,其中第 1 款②为双务最惠国条款,中方的意图很明确,希望将片面最惠国待遇调整为双务,以维护在中国在日商民的权利。不过,查阅 1903 年 10 月 8 日中日签订《通商行船续约》第 9 款③最惠国条款,该条与同年 9 月 26 日的条约草案条文非常相似,对日本的最惠国待遇的规定是非常详尽的,而且其还将最惠国待遇的授予方从皇帝及中央政府扩张到各省、各地方、各官府的允诺,这在主体上是极大的扩张。而对中国在

---

① 盛宣怀指出:"中英商约的附件(丙)已经对内港行轮问题定了章程十条,第十条对于以后修改已经有了规定。古纳说美国政府不想要求内港行轮,因为美国政府认为内港行轮有损中国的主权。不过在签订条约时,美国总要同其他国家处于平等地位;美国不能单纯倚赖最惠国待遇或者中英条约里的规定。"中国近代经济史资料丛刊编辑委员会主编,中华人民共和国海关总署研究室编译:《辛丑和约订立以后的商约谈判》帝国主义与中国海关资料丛编之十一,中华书局 1994 年版,第 161 页。

② 草案第 1 款载明:"因中国国家给予别国优例,豁除、各项利益日本一律享受,日本国家又允,凡中国商民侨居日本经营工商业,完纳捐税,所有日本给予相待最优各国侨民之豁除、优例、各项利益均应一律享受。"中国近代经济史资料丛刊编辑委员会主编,中华人民共和国海关总署研究室编译:《辛丑和约订立以后的商约谈判》帝国主义与中国海关资料丛编之十一,中华书局 1994 年版,第 217 页。

③ 该条约第 9 款规定:"兹特声明,且大日本国政府官员、臣民、通商、行船、转运、工艺以及所有一切财产应享大清国大皇帝陛下及政府,各省、各地方各官府,允与别国政府官员、臣民、通商、行船、转运、工艺以及财产之一切优例、豁除及利益,无论其现已允与或将来允与,一体均享,完全无缺。中国官员、工商人民之在日本者,日本国政府亦必按照律法章程,极力通融优待。"王铁崖编:《中外旧约章汇编》(第二册),生活·读书·新知三联书店 1959 年版,第 194 页。

日本的官员、商民的权利则规定的极为含混简略,只是"按照律法章程,极力通融优待",需要注意,此处的优待只是极力为之,并未进行明确一定会进行优待,即可以根据实际情况考虑是否给予优待,中国此次商谈的外交成果可谓极为有限。

在 1905 年中德修约谈判中,德方提出的修约草案包括了 13 个条款,草案第 13 款①试图对最惠国待遇适用主体进行突破,增加"归德国保护者"。查 1861 年 9 月 2 日成约并无"归德国保护者"字样,该草案企图"照旧",但却试图将最惠国待遇赋予德国公民以外的人,而晚清政府对此有所警觉。副总税务司裴式楷在给盛宣怀的节略中指出"宁删勿用"②的对策,裴式楷对"归德国保护者"字样可能被滥用感到担忧,并试图限制最惠国条款适用对象的扩张。裴式楷在其节略中还对草案的最惠国条款提出疑问,指出咸丰十一年七月廿八日(即 1861 年 9 月 2 日)《中德和好通商行船条约》的最惠国条款,在 1880 年的续修条约第 1 款中已经进行了修改,增加了最惠国条款适用的限制,即德国商民若要一体均沾别国专章所涉利益,则要受专章义务的一并限制。"如拟稿所云,是将续修条约第 1 款之意置而不论,反据咸丰十一年之原约仍行遵守,丝忽未改"③,按新约优于旧约的原则,咸丰十一年(1861 年)原约中的最惠国条款实际已被续修条约第 1 款取代。虽然德国拟定的草案混淆概念,试图将晚清政府已获得的对最惠国条款进行一定限制的外交成果予以推翻,其用意极深,但仍然被觉察。

---

① 该草案第 13 款载明:"中德条约从前所订条约各款,凡未经此次之约更改者则应仍旧遵守。其咸丰十一年七月廿八日(即西历 1861 年 9 月 2 日)中德和好通商行船条约第四十款所允德国及德人并归德国保护者应享最优之利益均应照旧毫无更改。"中国近代经济史资料丛刊编辑委员会主编,中华人民共和国海关总署研究室编译:《辛丑和约订立以后的商约谈判》帝国主义与中国海关资料丛编之十一,中华书局 1994 年版,第 296~297 页。

② 裴式楷节略载明:"如解明限定归德国保护者之意,此款可不改照允。若不解明此六字之义,则于该约各款内之有此字样者,均应删去不用。"中国近代经济史资料丛刊编辑委员会主编,中华人民共和国海关总署研究室编译:《辛丑和约订立以后的商约谈判》帝国主义与中国海关资料丛编之十一,中华书局 1994 年版,第 302 页。

③ 中国近代经济史资料丛刊编辑委员会主编,中华人民共和国海关总署研究室编译:《辛丑和约订立以后的商约谈判》帝国主义与中国海关资料丛编之十一,中华书局 1994 年版,第 303 页。

裴式楷又提出"解释之一法"①,试图将解释文函列入条约附件,使其获得与条约正文相等的地位。该观点非常有价值,最惠国条款被滥用,使得中国不断丧失各种主权,其中一个很重要的原因就是最惠国条款和其他特权条约用语的不精确性,存在很大的解读空间,通过肆意解读就能侵夺中国的各种利权。比如,中德关于居住权的争议,中方认为居住权只应当限于外侨居住的区域范围内(英约、美约、日约皆有此规定),而德国则认为在1861年中德条约中居住范围为"ports et villes",而"villes"可以翻译为城镇,所以居住范围应扩展到城镇。这就是借用词义的模糊企图扩大特权,而一旦其企图实现,其他最惠国也可对该权利一体均沾。将解释文函列入条约附件则会有效压缩解读空间,最大程度地限制最惠国条款的滥用。不过,裴式楷"他国若照最优之例索该约所予之权,不受文函限制"这一建议值得商榷,文函是用于对条约语句进行解释说明,是中西谈判的结果之一,应具有与正文相同的地位,他国若要均沾权利,也应当受合约组成部分的文函的限制为妥。

在1905年10月23日的谈判中,中方希望在最惠国条款中加入中国人民有权在德国境内居住一款,德方要求同样的权利,即德国人民有权在中国居住。这本是对等的要求,但鉴于德国在中国治外法权的存在,中国政府难以有效管理在中德国商民,一旦应允,会使得中国主权蒙受巨大威胁,这就使得对等的要求产生了实质上的不对等。另外,中方试图在最惠国条款中仿照日约补充一句软性要求,即德国政府亦必须按律法章程极力通融优待,德方对此予以拒绝,认为该要求没有实际意义,中国政府寻求形式上的"准最惠国"待遇未果。谈判中,盛宣怀曾经表示,其收到北京的口头指令,中国已经允诺给西方国家的,德国也可全部享有,而已拒绝允诺的,德国也不应享有。然而,德方坚持认为,中国已经允诺给西方国家的,德国凭借最惠国条款已经可以全部享受,

---

① 裴式楷节略载明:"尚有应提之一事,如有条约语句似欠分明之处,则有彼此可以文函往来解释之一法。如此办理,在修约两国可以订定,惟若有他国照最优之例索该约所予之权,他国则可自行解释约款,置文函于不论。是以此等文函应作为该约之附件,并应声明与本约实行无异。"中国近代经济史资料丛刊编辑委员会主编,中华人民共和国海关总署研究室编译:《辛丑和约订立以后的商约谈判》帝国主义与中国海关资料丛编之十一,中华书局1994年版,第303页。

必须在谈判中获得新的东西,否则谈判对德国毫无用处。就此观之,德国完全是抱有不断获取新的特权利益的目的而来,从未以国与国之间的平等交往来看待中德谈判,其必欲获取一定特权利益交换,才愿意给予中方一定优惠或者形式上的平等对待,这里面没有真正意义的平等,而是侵夺与反侵夺的斗争。中德商约最终未签字画押,晚清政府没有新的利益损失,但中国在其他中西合约中获得的对治外法权、进口吗啡鸦片、传教等的限制,也未能与德国达成合意。

葡萄牙并非《辛丑条约》的签字国,中国本不应与其进行商约谈判。"而葡萄牙国势已是二流,商务尤非重要,而亦竟然派使节与中国开谈判,并非比侔列强大国,而是因势乘便,得一有利机会,谋其利权扩张。"①然而,葡萄牙还是成功抓住列强入侵,中国新败的时机,迫使晚清政府与其进行商约谈判,谈判的一个重要方面就涉及最惠国条款的适用问题。《辛丑条约》后中国与列强签订的新的通商条例中增加了进口正税征收额度,是旧有税则的一倍半之数,而葡萄牙尚未与中国新订通商条约,则其尚适用旧有之税则。列强条约中均有利益均沾一款,若允许葡萄牙适用较轻的税则,则晚清政府通过艰苦谈判与列强签订的加税条款将因最惠国条款而全然失效,于是这便是中葡谈判中中方的核心利益之一,即力求让葡方也适用新的税则。新税则的适用与否,对于通商利益较小的葡萄牙而言并不重要,税则问题的困难则在于葡国可以以拒绝在新税则上签字作为外交筹码,讨价还价,以期寻求其他的特权让渡。关于这一点,赫德有"清晰的认识"②,他还提到另一个可能引发利益均沾效果的问题,即关于出口至澳门的大米和食物问题的条

---

① 王尔敏:《晚清商约外交》,中华书局 2009 年版,第 265 页。

② 赫德致外务部节略载明:"葡萄牙既然有要求使用旧税则的权利,要它接受新税则,自然就须给以交换利益,例如铁路利权,或者澳门所需要的粮食免税等等。如果不这样办,葡萄牙正式宣布认为旧税则仍然生效,其他国家就可能利用最惠国待遇条款,对于海关工作制造严重困难……由于最惠国待遇条款的存在,中国就有必要终止葡萄牙一直还保留着的要求沿用旧税则的权利。另一方面中国又必须注意避免创行一种其他国家所没有要求过的权利,例如没有成立海关而发给内河航行执照。"中国近代经济史资料丛刊编辑委员会主编,中华人民共和国海关总署研究室编译:《辛丑和约订立以后的商约谈判》帝国主义与中国海关资料丛编之十一,中华书局1994 年版,第 269~270 页。

款,由于最惠国待遇的影响,这一条款可能导致西方各国在华特权的适用范围扩张或出现设立新特权的危险。葡方代表认为该条款十分重要,其不能一无所得而让渡权利。赫德还提议:"至于食物,为了避免最惠国待遇方面的危险,可以使条文的规定仅适用于由陆路运到澳门香山地区的产品。"①在 1904 年 9 月 2 日的会谈中,中方提出澳门进口大米以 30 万担为限,且附有四项条件:(1)大米以在广东省内取得的为限。(2)歉收时得禁止出口。(3)以五年为限。(4)不在条约内订明,但可以交换照会。这些条件可以防止进口大米的权利成为一个永久及固定的权利,即使其他最惠国利用最惠国条款进行均沾,其影响也是暂时的,并被限制在一个较小的程度与范围内。能提出这种合理应对的策略,体现了晚清政府外交知识的增加及对最惠国条款的认识程度的加深。经过努力,大米问题最终未纳入中葡通商条约,而葡萄牙也接受了新税则。就这一层面而言,可以说与葡萄牙的外交斡旋是比较成功的。

中葡商约谈判还有一个特别问题,就是葡萄酒进口问题。葡萄酒是葡萄牙具有"比较优势"②的主要外贸产品,葡方非常重视该产品的出口,希望通过谈判为葡萄酒出口取得优惠特权,并设立产地证书制度,以防止商品假冒,也为正在进行的葡巴商贸谈判设立先例。中葡最终签订的《通商条约》第 6 款③对葡萄酒贸易进行了特别约定,对于土

---

① 中国近代经济史资料丛刊编辑委员会主编,中华人民共和国海关总署研究室编译:《辛丑和约订立以后的商约谈判》帝国主义与中国海关资料丛编之十一,中华书局 1994 年版,第 272～273 页。

② 比较优势是经济学术语,其指如果一个国家在本国生产一种产品的机会成本(用其他产品来衡量)低于在其他国家生产该产品的机会成本的话,则这个国家在生产该种产品上就拥有比较优势。也可以说,当某一个生产者以比另一个生产者更低的机会成本来生产产品时,我们称这个生产者在这种产品和服务上具有比较优势。

③ 该条约第 6 款规定:"中国给予最优待国人民一切之利益,葡国人民既应一体均沾,彼此现应订明:凡有他国土产,中国所给予各项利益,葡国同类之货即应一体享受。彼此又订明:凡葡国各项酒,若酒力过十四度者,于进口时,无论系由葡进,或由他处绕进,如呈出本国所给之执照,有领事官画押为凭,载明此酒实系葡国所产者即照本约所附税则内载过十四度酒纳税,内惟葡萄牙酒一项不能呈出以上所言之执照,即不得援引此条,以冀同享此等利益。凡中国商民运货在葡境进口、出口者,亦应享受给予最优待国人民一切之利益。"王铁崖编:《中外旧约章汇编》(第二册),生活·读书·新知三联书店 1959 年版,第 254 页。

货可以援引最惠国条款均沾,而葡萄酒若是要享受税收优惠,还需提供原产于葡萄牙并有领事官画押为凭的执照,这是对税率方面的最惠国待遇适用的一种限制,也是对葡萄牙葡萄酒的特别保护。在最初的条款中,并没有对中国商民的最惠国待遇约定,而是在 1904 年 9 月 29 日的会谈中,中方提出要在土产最惠国条款中加入"凡中国商民运货在葡境进口、出口者,亦应享受给予最优待国人民一切之利益"的表述。中葡双方最终就该款达成共识,这就使得片面最惠国条款变为双务最惠国条款,这种变动的最终达成,体现了晚清外交水平的提升和维护国家利权能力的加强。

1908 年 7 月 2 日,中国与瑞典签订商约,这是晚清政府签订的最后一个正式商约,总计 17 个条款,其中有 8 个条款涉及最惠国待遇。早在 1847 年,瑞典就已在中国获得片面最惠国待遇,此次修约又在多个条款上对 1847 年的最惠国条款进行补充、明晰、修正,显示了瑞典对该条款的重视。其中值得注意的是新条约将片面最惠国条款修订为双务最惠国条款,甚至在"领事裁判权"①方面都有更平等的约定,瑞典既同意待各国放弃治外法权后自己也放弃,又进一步在民事领域赋予双方对等的权利义务。1909 年 5 月 24 日,中国与瑞典在北京签订《增加条款》,该条款只有 1 条,即对最惠国条款进行"补充说明"②。此条款将授予对方的权利优惠仅限于最惠国待遇所涉及的范围以内,而不在其外另设新的特权,也就基本堵住了特权继续扩张的可能性。然而,但此时已经是清朝灭亡的前夕,该条款是否有这种限制的功效,也未有过多时间与机会进行检验。

---

① 该条约第 10 款规定:"兹特订明:一俟各国均允弃其治外法权,瑞典国亦必照办。两国人民遇有因负欠钱债及争财产、物件涉讼之案,皆由被告所属之官员公平讯断,均应照最优待国人民控告相同案件之办法一律办理。如两国人民有被控犯罪各案,由被告所属之官员审讯,审出真罪,各照本国法律严办,均应照最优待国人民控告相同案件之办法一律办理。"王铁崖编《中外旧约章汇编》(第二册),生活·读书·新知三联书店 1959 年版,第 518 页。

② 该条款规定:"缔约两国兹订明:本约第四款所载,断不于业经给与或将来给与最优待各国之人民各种利益外,另以无论何项利益给与在中国之瑞典人民或在瑞典之中国人民。"王铁崖编《中外旧约章汇编》(第二册),生活·读书·新知三联书店 1959 年版,第 569 页。

<table>
<tr><td>第三节</td><td>1912—1949 年对最惠国条款
在华殖民性扩张的抵制</td></tr>
</table>

对于晚清时期中外条约的签订及修约的努力,民国初期,外交部一个官员的"评价"①较有代表性,民国政府清晰地认识到了最惠国条款被滥用、最惠国待遇适用范围大大超出通商领域造成的诸多流弊。这种否定前政权成果的话语被后来的中国外交史研究所继承,成为主流观点,但我们还是应该结合当时的历史背景来进行探讨。一方面晚清国力弱小,而列强又视中外条约为攫取中国权益之重要工具,加之商约谈判多伴随战事的败北,这就使得晚清政府在外交桌上的筹码不足,谈判空间有限,难以完全维护自身权益。另一方面,晚清君臣对国家主权的认知,对外交事务的熟悉,对条约条款的理解,都有一个逐渐深入的过程,而最惠国待遇的特点又使得其具有多米诺骨牌效应,一旦授予就会引发一连串的后续效应,其很早就被英国攫取,使得列强纷纷效仿,形成最惠国条款网络,互相叠加,放大了最惠国条款的破坏力。因此,尽管晚清君臣后期费尽心力,也难以挽回已失去的大量国家利益。就这两方面而言,晚清政府的外交成果虽然有限,但到清朝灭亡前夕,在与西方就领事裁判权的修订、鸦片的禁运、最惠国条款的逐渐双边性等利权的挽回方面取得了不小突破。因此,晚清政府在外交领域并非毫无建树,当然,也只可谓取得极为有限的进展,难以弥平其丧权辱国带来的巨大损失。

---

① 外交部官员指出:"各国通商以妥订条约为第一要义。中国当前道咸年间与各国所订条约多仓促定议,未按诸西国通例,动辄以最惠国相待之条载入约内,致令各项办法轶出通商范围之外,流弊兹多,至今为梗。迨至同治、光绪等年,识时之士稍稍讲求公法,故所订秘鲁巴西等约较为平允。然怀柔政策意在羁縻,于通商章程又或未能详尽。且华商风气未开,在我无甚利益可言。前部议之不轻允准者,亦正为此。惟今昔情形不同,订约修好亦属各国通例。"[日]川岛真:《中国近代外交的形成》,田建国译,田建华校,北京大学出版社 2012 年版,第 216 页。

一、1912—1928 年对最惠国条款的继受与修约外交

中华民国成立后,孙中山发布的临时政府内外政策八项原则指出对清政府签订的条约予以继承,这是为当时国情所迫。学者俞辛焞指出:"孙中山的目标是废除不平等条约,却又承认已签不平等条约的有效性,这是为了排除列强对新诞生的共和国进行武力干涉,获得列强对共和国的承认。"①而袁世凯就任大总统后,"于 3 月 11 日致电海牙和会,宣布中华民国北京政府将继承清朝所缔结的条约和协定"②。这意味包含最惠国条款在内的全部不平等条约,中华民国都予以接受。中华民国的建立,虽然终结了封建王朝的统治,但并未对不平等条约体系和最惠国条款的运行产生实质影响,没有从根本上改变中国半殖民地性质的国际地位。故而,中华民国北京政府只能一面尽量规避签订新的不平等条约,另一面努力展开"修约外交"③,争取对已有条约进行修订,以期收回部分利权。修约外交与晚清政府的外交谈判存在的最重大区别就是其谈判方式避免双边谈判,改为集体交涉,这是基于对最惠国条款的深入理解。晚清政府虽然知道最惠国条款的均沾威胁,但无力组织大规模的集体交涉,只能先从英法等大国入手,签订新约,以期小国跟随,其与列强进行的修订进口税则谈判过程就体现了这一策略。相较而言,中华民国北京政府的方略更为贴合最惠国条款的特点,针对某一特权的谈判,无论谈判对手是大国还是小国,只要是"最惠国",则只有当全体最惠国共同放弃这一特权时,该特权才会被剥离于最惠国条款的适用范围,因此,双边谈判效果有限。通过浑括主义逐渐缩小最

---

① 俞辛焞:《孙文的革命运动与日本》,东亚范围内的日本历史丛书第 9 卷,六兴出版社 1989 年版,第 163 页。转引自[日]川岛真:《中国近代外交的形成》,田建国译,田建华校,北京大学出版社 2012 年版,第 221 页。

② [日]川岛真:《中国近代外交的形成》,田建国译,田建华校,北京大学出版社 2012 年版,第 219 页。

③ "在方针政策上,由于存在最惠国条款,进行个别交涉并无意义,(北京政府)采取了试图把不平等条约汇总一并修改的所谓'浑括主义'、'概括主义'、'一括主义'的政策。另一方面,为取得具体成果,采取了条约有效期满再行缔约时,在可能的范围内抹去不平等性的方式。这种方式被称为修约外交。"[日]川岛真:《中国近代外交的形成》,田建国译,田建华校,北京大学出版社 2012 年版,第 217 页。

惠国条款的适用范围,不断收回利权,这就是中华民国北京政府修约外交的真正目的。第一次世界大战后,中国以战胜国身份参加巴黎和会,这给中华民国北京政府提供了实施浑括外交的最佳舞台。

此次外交斗争以收回战败国德国、奥地利在中国的特权为开端。中国直接向大会提交《德、奥和约中应列条件说帖》①,说帖包括 9 条,每一条都涉及中国重要的国家利益。其中第 2 条要求绝除最惠国条款,1919 年 3 月 23 日召开的中国国务会议议决废除德奥前订各约。其中,自然也包括片面最惠国条款的废除。这些要求得到大会的重视,在对德《凡尔赛和约》中,除第 1 款山东问题外,均予以列入,对德前订合约就此解除。对奥的条件,除第 8 款外,也都列入对奥《圣日耳曼和约》第 113 款至第 117 款,中奥遂处于平等的无约国状态。这其中还有一段外交斗争,奥地利曾对第 2 条最惠国条款的废除提出异议,希望保全其最惠国待遇,以此维护在中国的特权,而中华民国北京政府并未接受,交涉过程中奥地利的意见被驳回。这是中国外交史上的重大突破,我国台湾地区学者张水木指出:“虽得自协约国方面之利益极为有限,但中国却逐步解除了德、奥在华之一切特权,实开中国废除不平等条约之先声。”这对中西不平等的最惠国条款网络产生了巨大的冲击,不光是享有片面最惠国待遇的国家减少 2 个,而且各国依托中德、中奥合约均沾的相应特权也被取消,即一方面减收了片面最惠国条款的对象国,另一方面取消了部分特权,挽回了部分国家主权。就这一层面而言,是非常巨大的外交成果。达到同一效果的,还有对俄合约。俄国于 1917 年发生革命,1919 年 7 月 25 日,俄国发表宣言,宣布苏维埃政府废除在中国的一切特权。1920 年 9 月 27 日,俄国向中国外交部发表照会,声明废除以前历届政府同中国订立的一切条约,希望依照最惠国原则

①　该说帖载明:“(1)废止战前各约章,收回胶澳租借地及山东路矿权;并声明:为推行工商业机会均等主义,拟将青岛及鲁省他处开放;(2)缔结平等商约,绝除最惠国条款;(3)脱离辛丑和约;(4)在中国境内之官产无条件让渡;(5)赔偿中国与人民之损失;(6)中国政府保留权利得照大会将来议决办法提出赔偿战费之要求;(7)偿还收养俘虏费;(8)归还辛丑年掠去之中国钦天监仪器及他项美术物品;(9)批准禁烟公约。”唐启华:《被“废除不平等条约”遮蔽的北洋修约史(1912—1928)》,社会科学文献出版社 2010 年版,第 67~68 页。

重新订立商贸合约。1924 年 5 月 31 日,中华民国北京政府与苏联签订了《中俄解决悬案大纲协定及声明书》,声明将废止中国政府与前俄帝国政府所订立之一切公约、条约、协定、议定书及合同,至此,俄国也退出中外不平等的最惠国条款网络。

虽然中华民国北京政府的外交方针整体上是"浑括主义",但在实践层面,又免不了双边谈判,尤其是其热衷与无约国建立正式的外交关系。1914 年,约法会议议员伍朝枢就与无约国建交事宜向袁世凯"建议"①,该提议得到袁世凯的首肯,故而与无约国之外交谈判次第展开。无约国皆非大国,谈判一般并不涉及新的特权让渡,而多是在既有条约体系下,围绕最惠国条款的适用及最惠国条款是否涵盖领事裁判权展开。1915 年,驻美公使夏偕复向古巴递交国书,准备与古巴展开外交谈判,其谈判的基本导向是在相互承认最惠国待遇的基础上展开外交磋商,在其向袁世凯提交的"意见书"②中对此有明确论述。夏公使清楚认识到即使取得表面"平等"的最惠国待遇,中国也会因治外法权的存在受到损失,但他认为该损失可控,能在"最优国待遇改易之时",一并收回。不过,古巴并不愿意给予中国完全的最惠国待遇,而是意图在华工入境、华侨财产等领域设置阻碍,这就使得条约谈判陷入僵局,最终也未达成双边协议。

同年,中国与智利也开展外交谈判,其交涉基础也是相互给予最惠国待遇,这同样会引出领事裁判权问题。1924 年,智利驻上海领事试图行使领事裁判权,但中国外交部提出质疑。智利方面为此向各国驻北京外交团抗议,但中国政府一直未予以回应,该问题也未解决。唐启

---

① 伍朝枢指出:"无约各国如欧洲之瑞士、亚洲之暹罗,美洲之古巴、巴拿马等国,或为世界国际会议之地,或为我国侨民麇集之地,订约遣使均关紧要。且我侨民之在南中美洲各国者,时受苛待,因无外交机关以护,呼吁无门,无以伸理。揆目前财力,自应权衡缓急,次第设施。"[日]川岛真:《中国近代外交的形成》,田建国译,田建华校,北京大学出版社 2012 年版,第 224 页。

② 意见书载明:"此次中国与古巴订立条约,国体所务,宜事事平等。如两国人民彼此均照最优国一律待遇,而古巴已隐占优胜。缘古巴人民在中国不受中国法律管辖,民需受古巴法律也。但使条文平等,收回治外法权,最优国待遇改易之时,则古巴人民之待遇不烦重议而亦改易。"[日]川岛真:《中国近代外交的形成》,田建国译,田建华校,北京大学出版社 2012 年版,第 224 页。

华对此评价道,"该条约没有明确记载接受领事裁判权,为将来收回主权留下了余地。无论缔约时是否已考虑到 1924 年的解释,这项条约确为一个外交成果"①。唐氏之语有一定道理,前约未载明领事裁判权,为外交谈判留下了斡旋的空间。考查中智于 1915 年 2 月 18 日订立的《通好条约》第 2 章②,确实未明文规定领事裁判权,但"其他特许、免除之例均与其他最惠国之代表、领事等一律"语句其实暗含了领事裁判权。按唐启华的研究,甚至"1915 年的外交部也承认最惠国待遇中包含领事裁判权"③。因此,以领事裁判权非一般权利,而特殊化,将其直接剥离于最惠国条款的范围较为困难,能否真正回绝智利的领事裁判权要求,实际取决于国力之博弈。历史上,由于条约所用词句语义不够准确清晰,西方列强多次牵强运用,攫取中方并未赋予的特权,而其之所以能如此恣意扩张语句文意,也源于其国力的优势。智利并非强国,加之条约并无明文规定,故中方才能顶住外交压力,拒绝了其行使领事裁判权的要求。

领事裁判权与最惠国待遇连接最为紧密的,体现在对瑞士的条约谈判中。1918 年《中瑞条约》被称为中华民国北京政府签订的最后一个不平等条约,这主要缘于条约中领事裁判权的让渡。其实,中国最开始的交涉方针是试图仿照智利条约,不明文写出领事裁判权,但瑞士不认可该方式,认为智利条约对领事裁判权约定不明,应该采用 1908 年

---

① ［日］川岛真:《中国近代外交的形成》,田建国译,田建华校,北京大学出版社 2012 年版,第 226 页。

② 该条约第 2 章规定:"大中华民国、大智利民国政府均得派外交代表、总领事、正领事、副领事、代理领事驻扎彼国京城,及许他国代表驻扎之重要城邑,得享有同等之一切权利待遇,其他特许、免除之例均与其他最惠国之代表、领事等一律……"王铁崖编:《中外旧约章汇编》(第二册),生活・读书・新知三联书店 1959 年版,第 1086～1087 页。

③ ［日］川岛真:《中国近代外交的形成》,田建国译,田建华校,北京大学出版社 2012 年版,第 226 页。

《中瑞条约》第 10 款为谈判基础。《中瑞条约》第 10 款①明确载明领事裁判权,同时适用最惠国条款,且没有领事裁判权源自最惠国待遇的意思表述,这些都会对中国主权形成重大侵害。毕竟由最惠国待遇推出领事裁判权能使得领事裁判权归于暂时性,一旦最早的最惠国放弃治外法权,其他国家就无法通过最惠国条款再获取该权利;同时,这也有利于中华民国北京政府当时采用的"浑括外交"的开展,即一旦中国的法律改良得到认可,则各国条约应一次性全部修订,而非进行个别谈判。因此,外交部一直试图将领事裁判权与最惠国条款挂钩,在双方的多次磋商下,最终,形成了互相妥协的"条文"②,领事裁判权则被写入条约"附件"③。该附件虽然成功地表述出领事裁判权由最惠国条款推出,但也明确赋予瑞士领事裁判权,而非与智利条约的隐而不露。更致命的,附件直接表述赋予瑞士最惠国待遇,即使是双务最惠国待遇,但实际使得瑞士能享有列强在中国的所有特权,实为不智之举,该附件的存在使得中瑞条约足以被认定为不平等条约。

《中智条约》与《中瑞条约》对最惠国条款的不同处理,对后续外交条约的签订造成了重要的影响。1917 年以法国为中介,中国与希腊展开外交谈判,"10 月 17 日,外交部电令驻法公使胡惟德:向驻法希使探

---

① 该条约第 10 款规定:"凡瑞典人被瑞典人或他国人控告,均归瑞典妥派官吏讯断,与中国官员无涉。惟中国现正改良律例及审判各事宜,兹特订明:一俟各国均允弃其治外法权,瑞典国亦必照办。两国人民遇有因负欠钱债及争财产、物件涉讼之案,皆由被告所属之官员公平讯断,均应照最优待国人民控告相同案件之办法一律办理。如两国人民有被控犯罪各案,由被告所属之官员审讯,审出真罪,各照本国法律惩办,均应照最优待国人民控告相同案件之办法一律办理。"王铁崖编:《中外旧约章汇编》(第二册),生活・读书・新知三联书店 1959 年版,第 518 页。

② 该条约第 2 章规定:"大中华民国政府、大瑞士民国政府均得派外交代表、总领事、正领事、副领事、代理领事驻扎彼国京城及许他国代表驻扎之重要城邑,得享有同等之一切权利待遇,其他特许、免除之例均与其他最惠国之代表领事等一律。"王铁崖编:《中外旧约章汇编》(第二册),生活・读书・新知三联书店 1959 年版,第 1373 页。

③ 该条约附件规定:"关于领事裁判权(即治外法权),瑞士国领事应享有现在或将来允与最惠国领事之同等利权。俟中国将来司法制度改良有效时,瑞士国即与他缔约国同弃其在中国之领事裁判权。将来尚须订正式通商条约,未成立之前,两缔约国人民应享有现在或将来最惠国人民一切应得之同等权利及特许免除。"王铁崖编:《中外旧约章汇编》(第二册),生活・读书・新知三联书店 1959 年版,第 1374 页。

听,如果属实,照智利条约协议"①。而希腊方面则希望仿照瑞士条约,并认为"前次所订中瑞条约,本系仿照智利条约,浑括大意,于两国人民应享平等权利,均经厘正妥协,如能照办,既可联络邦交,借可推广商务,不无裨益"②,企图混淆《中智条约》与《中瑞条约》的重大差异,从而明确获取领事裁判权。对此,中国予以高度警惕,国务会议同意以《中瑞条约》为蓝本缔约,但是拒绝将有关领事裁判权的附件一并订入条约,这导致了希腊的反对,中希交涉受挫。1919 年中国与玻利维亚的外交谈判顺利开展,玻利维亚同意排除《中瑞条约》附件,签订更为平等的条约。同年 12 月 3 日,中玻在东京签订《通好条约》,条约第 2 条③关于给予外交人员最惠国待遇的约定展现了这种平等性,并且该最惠国待遇的适用范围得到限制。1919 年 12 月 3 日,中国驻日本使署致驻日本玻利非亚公使照会载明:"为照会事:查本日签订之通好条约,其第二条中最惠国待遇一节并不包含在华之领事裁判权在内。"④从而明确将领事裁判权排除于最惠国条款关涉范围之外。1920 年 6 月 1 日,中国与波斯在罗马签订的《友好条约》则是在条文正文中载明最惠国待遇不包含领事裁判权,分别规定于条约第 2 款⑤和第 5 款⑥。1926 年,

---

① 唐启华:《被"废除不平等条约"遮蔽的北洋修约史(1912—1928)》,社会科学文献出版社 2010 年版,第 322 页。

② 唐启华:《被"废除不平等条约"遮蔽的北洋修约史(1912—1928)》,社会科学文献出版社 2010 年版,第 323 页。

③ 该条约第 2 条规定:"大中华民国政府、大玻利非亚民国政府均得派外交代表、总领事、正领事、副领事、代理领事驻扎彼国京城及许他国代表驻扎之重要城邑,得享有同等之一切权利、待遇、其他特许、免除之例,均与其他最惠国之代表、领事等一律。"王铁崖编:《中外旧约章汇编》(第三册),生活・读书・新知三联书店 1962 年版,第 51 页。

④ 王铁崖编:《中外旧约章汇编》(第三册),生活・读书・新知三联书店 1962 年版,第 52 页。

⑤ 该条约第 2 条规定:"两缔约国得派大使、公使、代办及其馆员,除关于领事裁判权者外,享受之待遇及特权与豁免利益均与其他最惠国大使、公使相同。"王铁崖编:《中外旧约章汇编》(第三册),生活・读书・新知三联书店 1962 年版,第 81 页。

⑥ 该条约第 5 条规定:"两缔约国得派总领事、正领事、副领事、代理领事驻扎于彼此容许诸外国同等官吏所驻扎之重要城邑及口岸,除领事裁判权外,得享受最惠国领事官之同等特权。"王铁崖编:《中外旧约章汇编》(第三册),生活・读书・新知三联书店 1962 年版,第 81 页。

中国与芬兰签订《通好条约》时,经过外交斡旋,更是成功回避了"最惠国"字样。而 1925 年芬兰提出的协议草案中,本有使领人员享有最惠国待遇一款,但中国表示反对,提议改订为享有国际公法规定之待遇,同时,提议增加关税自主权的约定。中国的这些修改提议,最终都载于中芬《通好条约》。

上述谈判中,中国多坚持较为平等的最惠国待遇,不再丧失新的权利值得称道,而且其让部分国家未能依据最惠国条款获得领事裁判权更是外交的成功,但其成果还是有限,日本学者川岛真对此有"简要总结"①。同时,这些谈判只考量到最惠国条款与领事裁判权的关系则欠妥,毕竟,最惠国条款并非只限于领事裁判权这一狭窄范围,而是牵涉了列强在中国的几乎全部特权。在取消德、奥、俄的片面最惠国待遇的基础上,又主动添加新的最惠国成员,且达成的协议对最惠国并未进行概念和适用范围上的限制,只能说是表面平等,而非实质公平。因此,这一阶段不能说取得了很大的外交成果。然而,中华民国北京政府外交人员对最惠国条款的运用却体现了非常高的灵活度与适应性,其不再只停留于对最惠国条款的基础认知层面,而是能够主动探讨最惠国条款的用词、内容、学说依据,并据此驳斥一些国家对最惠国条款的滥用,其中较为典型的案例就是法国人在云南个旧游历援引最惠国条款案。1912 年 8 月,法国人白尼未按规定申请护照,就前往云南个旧蒙自附近游历,并与当地人发生冲突。法国对此表示,按照 1896 年中日《通商航海条约》第 6 条的规定,日本人可以在通商口岸百里之内,以 5 天为限进行游历,而无须请领护照。法国为最惠国,法人白尼游历之地

---

① 川岛真指出:"从通过最惠国待遇把领事裁判权归于暂时性质,并很快使其无效的手法上,人们可以清楚地看到中华民国北京政府修改领事裁判权等不平等条约的志向……巴黎和会以前的成果,只是用最惠国待遇解释领事裁判权,在条约附件中把放弃领事裁判权与最惠国待遇挂钩。"[日]川岛真:《中国近代外交的形成》,田建国译,田建华校,北京大学出版社 2012 年版,第 228～229 页。

离个旧不足百里,因此无须申请护照。面对这一棘手问题,外交部的"报告"①进行了深入分析,这份报告论证扎实,从最惠国条款的两种分类谈起,再结合条款本身进行论证,进而比较了不同的条约中对外人游历的约定,指出日本条约关涉的是中国内地通商口岸,而法国条约则专指边界通商处所,进而得出"未便准其援引日本条约"的结论,可谓有理有据。由此观之,中华民国北京政府的外交水平较之晚清政府确有较大提升。

"五卅惨案"发生后,在全国舆论的逼迫下,中华民国北京政府利用中外条约中的修约条款,制定"到期修约"方针,要求列强修订不平等条约。1926 年,外交部发布了《对于交涉终止中比条约之宣言》,对该方针有个"简要说明"②。据此展开了一系列的外交活动,其取得的代表性成果是中比、中西条约的废除。中比《通商条约》于 1865 年 11 月 2 日签署,通过该条约,比利时获得领事裁判权、协定关税权、片面最惠国待遇等特权,而该条约第 46 款③赋予了一个 10 年修约的可能性。尽管条文只赋予比方有修约权,但经过外交交锋,"比利时政府的态度有

---

① 该报告载明:"最惠国之条件,已为各国订约之滥觞。因其解释之不同,故每于引用之时,常有枝节丛生之弊。查最惠国条件之解释,实分二派……法国条约与日本条约境遇之不同也。光绪十二年(西历一千八百八十六年),《中法条约》第五款云:若边界通商处所,法国人等有出外游历者,地在五十里内,毋庸请照云云。光绪二十二年,《中日条约》第六款云:在通商各口岸有出外游玩,地不过华百里,期不过五日者,无庸请照云云。日款承上文而言,系指在中国内地通商口岸,而法款则专指边界通商处所而言。蒙自虽系通商口岸,而在滇越边界,是独在法款范围,而不能援引日款也。明矣……何以不援英约以百里为限乎?诚以边界情形与内地迥异……故此次法人之要求,衡之情理,仍当依原约五十里为限。未便准其援引日本条约也。"中国第二历史档案馆:《中华民国史档案资料汇编》(第三辑 外交),凤凰出版社 1991 年版,第 489~491 页。

② "中国政府依此政策,对于现行各约大概得于满期时通告终止者现正努力设法改订,俾于各约期满时,所有一切不平等及陈旧之条款不使复见之于新约。"中国第二历史档案馆:《中华民国史档案资料汇编》(第三辑 外交),凤凰出版社 1991 年版,第 963 页。

③ 该条约第 46 款规定:"日后比国若于现议章程条款内有欲行变通之处,应俟自章程互换之日至满十年为止,先期六个月备文知照中国如何酌量更改,方可再行筹议。"王铁崖编:《中外旧约章汇编》(第一册),生活·读书·新知三联书店 1957 年版,第 237 页。

所软化,同意旧约失效,而以临时办法为暂行规则,但要求明文维持领事裁判权与最惠国待遇"①。中比双方在"临时办法"的内容上差距巨大,比方坚决要求将领事裁判权维持到列强都放弃之日,同时不断拖延新约的谈判。1926 年 11 月 6 日,外交部发布《对于交涉终止中比条约之宣言》,从而废止了比利时在华包括片面最惠国待遇在内的全部特权。中西《和好通商条约》将于 1927 年满期,中华民国北京政府同样提出修约要求。中西谈判的重点就是最惠国条款。1927 年 2 月 25 日,时任西班牙总理兼外长爱司戴拉致驻西班牙公使馆代办宋善良的"函件"②就提出最惠国条款为其谈判要旨,意图借最惠国条款保留在华包含领事裁判权在内的一切特权。1927 年 5 月 28 日,爱司戴拉再度致函宋善良更加明确地指出根本问题就是"最惠国待遇"③,西班牙政府在函件中直言要以最广义方式解读最惠国条款,若依此,则中国政府改订新约的努力将没有任何成果,新约只能是旧约的翻版与延长。西班牙政府甚至将明晰最惠国条款之内容含义为开议论之"手续"。对此,中华民国北京政府发布"照会"④予以严词拒绝,可见外交部已展现出

---

① 王建朗:《中国废除不平等条约的历程》,江西人民出版社 2000 年版,第 188 页。

② 该函件载明:"本总长奉悉上项相差之点,观北京政府对此并不加以深究,并以销灭此不同之点而提议立即开议商订新约,本总长极表满意⋯⋯惟北京政府对于敝国应以最惠国待遇,盖无论何时,旅华日侨所受待遇,倘在他最惠国人民所受待遇之次,为敝国所不能承受也。"中国第二历史档案馆:《中华民国史档案资料汇编》(第三辑 外交),凤凰出版社 1991 年版,第 1004~1005 页。

③ 爱司戴拉指出:"则今应所讨论者不在对于一八六四年条约期限形式上之讨论,而要在于根本问题。因此,本总长深愿明悉贵国外交部之处置及对于最惠国条款之见解⋯⋯敝国政府极望中国以最广义之最惠国条件待遇敝国人民,此点实为敝国所愿先为明瞭者也。"中国第二历史档案馆:《中华民国史档案资料汇编》(第三辑 外交),凤凰出版社 1991 年版,第 1006 页。

④ 中方照会载明:"设贵国政府之用意果系在开议以前,必须中国先行承认允许日斯巴尼亚以最广义之最惠国条款,是贵国政府所愿进行之会议将失其存在之理由。新约既有此种条款,事实上与旧约毫无歧异⋯⋯盖贵国政府既宣言愿以两国平等及相互尊重领土主权之主义作为会议之基础,今设欲维持最广义之最惠国条款,承认中国全国所愿望解脱之一切不平等不公允待遇,是必致不能再以上载之基础作为依据也⋯⋯"中国第二历史档案馆:《中华民国史档案资料汇编》(第三辑 外交),凤凰出版社 1991 年版,第 1007~1008 页。

对最惠国条款的适用范围予以限制的坚决意志。至同年 11 月 10 日，中西条约届满，但双方对最惠国条款的解读仍然分歧巨大，谈判没有结果，中华民国北京政府只得断然废止中西《和好通商条约》，不过此时，南方军队已开始第二次北伐，中华民国北京政府已摇摇欲坠，此次废约更多的是一种形式上的宣言。

▌ 二、1928—1949 年围绕最惠国条款展开的废约外交

南京国民政府的废约外交是与中华民国北京政府的修约外交相对应的。中华民国北京政府外交总长王正廷曾在外交委员会提出"一律修改一切不平等条约"①的主张。在当时的国际环境下，这不失为一种理性的思考，但其落脚仍为修改不平等条约。当王正廷转而担任南京国民政府外交部长之后，其把一律性解释为"革命外交"②，此时其落脚点已经调整为废除不平等条约。南京国民政府在其成立宣言中公告全国民众，将着手废除不平等条约，并发表《告世界各国人民书》，呼吁世界各国人民支持对不平等条约的废除。这种转变看似重大，实际则不然。一方面，断然废约对立足未稳的南京国民政府很难适用，其非常倚靠外国势力的支持。另一方面，革命外交更多的只是口号，只是强调其与中华民国北京政府不同，以回应国民的期望，为南京国民政府的稳固提供支持，而其实施的外交方略更多的是中华民国北京政府的修约外交的一种延续。当时就有学者指出，废约与修约这两种主张，实在是"殊途而同归"的无谓之争。这里的"同归"即两个政府都以逐步取消外

---

① "他提出这种'一律性'，可能是出于对北京政府在与列强的关系中提出原则论的外交过程，以及最惠国待遇使得不一律废除不平等条约则效果很小这一实质性问题的考虑。"［日］川岛真：《中国近代外交的形成》，田建国译，田建华校，北京大学出版社 2012 年版，第 304 页。

② "王正廷对他的'革命外交'曾有一个形象的比喻，叫做'于铁拳之外，罩上一层橡皮'。这可以理解为，内心的意志是坚定不移的，确定的目标是一定达到的，但外观的手段上不妨缓和些。"王建朗：《中国废除不平等条约的历程》，江西人民出版社 2000 年版，第 238 页。

交条约中的不平等性为目的,力求建立更加"平等互惠"①的外交格局,只是采取的路径有所不同,这既体现在对旧有条约的修订和废除,也体现在新条约的签订中。比如,中国与捷克的《友好通商条约》签约周期横跨北京、南京两个政府时期,但其订约的主导思想却较为一致,就是力求平等互惠,同时着力避免最惠国待遇字样订入条约,最惠国条款的订立与否成为谈判的焦点之所在。1922 年初,中捷在东京举行多轮谈判,谈判中,捷克向中方提供了包含最惠国条款在内的条约节略。就此,中国外交部指示道:"我国现与他国订立新约,对于旧约所有弊害,均极力剔除,如领事裁判、关税协定、最惠国条款等,新约概未许予,今与捷克订约,自亦须依此为标准。"②外交部指出交涉总体原则后,对捷克条约节略逐条评述,尤其关注其中涉及最惠国待遇的两个条款③。从外交部的指示可以看到,其对最惠国条款毫不放松警惕,不光不同意明文载明的最惠国条款,对中捷条约节略第 3 项疑似最惠国条款的条文也予以直接拒绝。不过,捷克方面对最惠国条款,尤其是关税领域的

---

① 唐启华指出:"自民国肇造之初,即有平等订约之观念,但在欧战期间,只能先求正约平等,附件仍有让步失权。1919 年确立平等互惠订约政策后,初则注重不给治外法权、协定关税,各约交涉重点在关税、法权,多仿中德之例以换文声明。1922、1923 年起,注意到最惠国待遇,1924 年确立关税自由及剔除最惠国条款,为订新约最要主旨,订约不再提最惠国待遇,改为照享受国际公法应得之待遇。"唐启华:《被"废除不平等条约"遮蔽的北洋修约史(1912—1928)》,社会科学文献出版社 2010 年版,第 340 页。

② 唐启华:《被"废除不平等条约"遮蔽的北洋修约史(1912—1928)》,社会科学文献出版社 2010 年版,第 331 页。

③ 外交部函件载明:"捷克节略第一项最惠国条款,尤注重于关税与内地所有权两事,外交部强调必以相互为宗旨,然后两国权利义务始能平等,且可免去最惠国条款流弊……第三项请允给许以第三国人民及货物之一切便利及特权,外交部认为仍是要求最惠国条款之意,应即照上述办法,不必与议此项,以免流弊。"唐启华:《被"废除不平等条约"遮蔽的北洋修约史(1912—1928)》,社会科学文献出版社 2010 年版,第 331 页。

最惠国条款极其坚持,捷克外交代表哈拉对此进行了"反复强调"①,并指出其接受的训令,尤其强调最惠国条款,故其必须坚持。1928 年 6 月,中华民国北京政府覆灭,南京国民政府继续谈判,此次为中国先行提交条约草案,捷克则提出多项修改意见,其要点是依然坚持关税领域的最惠国待遇,中方代表条约委员会副会长徐东藩予以"坚决拒绝"②。中华民国北京政府与南京国民政府的外交方略一脉相承,最终的中捷条约中也未订入最惠国条款。

南京国民政府的废约外交真正取得重大突破是在中国加入反法西斯同盟后,通过对德意日宣战,中国与德意日的全部合约被废止。同时,鉴于中美英之间的盟国关系及中国对反法西斯战争的重大贡献,美英也开始考虑不平等条约的废止问题,中国外交部也自行梳理了"六大拟取消的特权制度"③,其中特别提到非以平等互惠为原则的最惠国条款应一律废止。

1942 年 10 月 10 日,英美宣布放弃治外法权及有关的权利。1943 年 1 月,中美签订的《关于取消美国在华治外法权及处理有关问题之条约》中明确废止治外法权、《辛丑条约》全部特权、租界的行政与管理权等特权。不平等的最惠国条款的废止则未明确指出,但这依然是重大外交成果,可以理解为不平等的最惠国条款的适用范围和破坏程度得到了有效压缩,其所覆盖的部分特权内容被取消。另外,在中美的换文中多次提到航运方面的最惠国待遇,该最惠国条款予以了明文保留,不过也剔除了单方的不平等性而调整为双务的最惠国条款。

中英之间的谈判结果与中美条约大体类似,通过换文,英国还放弃

---

① 哈拉指出:"双方对约稿困难之点,即为关税适用最惠国条款,担心捷商不能与享有最惠国条款各国货竞争……除最惠国条款外,对于其他各点已完全同意,至多不过讨论字句问题,若无最惠条款之争持,本可早日签字……希望早日缔约,捷克所切望者,唯税则上最惠国待遇。"唐启华:《被"废除不平等条约"遮蔽的北洋修约史(1912—1928)》,社会科学文献出版社 2010 年版,第 337～338 页。

② 徐东藩指出:"中国正在修改各种不平等条约,以后决不再给最惠国待遇,并准备公布国定税率,恢复关税自主,不能再有最惠国待遇。"唐启华:《被"废除不平等条约"遮蔽的北洋修约史(1912—1928)》,社会科学文献出版社 2010 年版,第 338 页。

③ 六个方面分别为军事方面、势力范围方面、通商方面、交通方面、财政方面、其他方面。

了诸如任用英籍总税务司、雇佣外籍引水人、军舰与船舶航行等特权。以美英废约为先导,丹麦、瑞士、葡萄牙、瑞典、荷兰等多个欧洲国家也宣布废除治外法权等特权,澳大利亚和南非为英国的自治领,其在华特权亦由英国政府放弃,巴西、加拿大、秘鲁等国也予以跟进。法国在华特权则是在战时被中国单方面宣布取消,因为法国与汪伪政权签署了相关协定,对此,中国政府提出"均为无效"①。至此,中国与主要西方国家之间的不平等条约已基本废除,但这种废除并不彻底,包括片面最惠国条款在内的重大问题尚未解决,也无法改变中国对外交往中较为被动的局面。然而,正如中美条约之序文指出的"并以平等与主权国家之资格,表示共同志愿"②,中国在世界民族之林中平等独立之地位已初步显现,此时对外交往遵循平等互惠的原则,这就使得诸如片面最惠国待遇这种不平等条款的存在已经失去了法理基础,其终究会被废止。

不过在上述过程中还是出现了一次重大的波折,中美 1943 年 1 月签订的条约是一个政治性条约,而非商业条约,而无时无刻进行的中美贸易又急需专门的商贸规则来进行规制,因此,规定双方经贸关系的商约谈判也逐渐提上日程。美国就此提出了一个极为广泛的草案,而且明确包含无条件最惠国待遇这种中国极为反对的条款,中国希望即使保留最惠国条款,也应是平等互惠的有条件的最惠国条款。面对中国的反对,美国提出两种"修改方案"③,这两种方案都遭到中国的反对,最终迫使美国让步,在条约中未使用无条件的最惠国待遇字样。不过,事实上,最惠国待遇却贯穿于整个条约,即约文虽然没有明确的"最惠国"字样,但全部条款 30 条,除了第 1 条、第 27 条、第 28 条、第 29 条、

---

① 中华民国重庆政府照会载明:"所有法国依照中法间不平等条约取得之租界、北平使馆界、上海公共租界、厦门公共租界行政权、领事裁判权及其他特权,已因法国政府之非法行为,归于消灭,中国政府不再受其拘束。"王建朗:《中国废除不平等条约的历程》,江西人民出版社 2000 年版,第 324 页。

② 王铁崖编:《中外旧约章汇编》(第三册),生活·读书·新知三联书店 1962 年版,第 1256 页。

③ 两种方案分别为:"一是中方在谈判记录中声明本条约对最惠国待遇采取无条件解释,并在提交立法院审议时说明此点;一是由美方准备一单方面声明,在美国政府或参议院审查时发表。"王建朗:《中国废除不平等条约的历程》,江西人民出版社 2000 年版,第 357～358 页。

第 30 条属于程序或非实际权利授予条款,其余 25 条中,出现"不低于第三国待遇"及类似句式的多达 19 款,据此,美国已经获得变相的最惠国条款。该类条文涉及范围也非常宽广:包括了国民入境、移民、居住、旅行、经商、教育、宗教、慈善活动的权利;护照的管理;法人及团体的权利与优例;矿产开采开发的权利;安全与保护的权利;审判与法律适用;财产权利;知识产权保护;税款缴纳;金融交易;特权授予;通商航海自由;船舶载货待遇;内河航行与沿海贸易权利等领域。这与南京国民政府前期推崇的废约外交、坚决抵制签订新的最惠国条款的方针相比可谓有重大退步。有学者就总结到这个条约在政治性质上是平等的,但在经济实践中是绝对不平等的。看似平等的表象下,实质存在重大风险,尤其是在中美经济实力悬殊的背景下,完全开放中国大门,进行自由竞争,会导致中国幼稚的工商业完全失去保护,面临压倒性竞争,显然不利于中国经济的发展,损害了中国国家利益。因此,说该条约是一个失败的商约也不为过。就最惠国条款而言,南京国民政府只重视在文字上不出现"最惠国"字样,防止别国借用最惠国条款均沾,但在实际条文中,却在几乎每一条都赋予美国事实上的最惠国待遇或国民待遇,使得美国大获实利,同时也没法完全杜绝别国效仿。1948 年 11 月 30 日,中美在南京签订的《友好通商航海条约互换批准议定书》①又将最惠国待遇扩充到版权领域,再度损害中国利权。最终,真正消除不平等最惠国条款对中国的不利影响,还要待中华人民共和国成立后,彻底废除一切不平等条约,取消西方国家一切在华特权的伟大变革。

中美之间关于最惠国待遇还有一个较为重要的文件,即 1948 年 7 月 3 日中美《关于占领或控制下之西德及的港地区通商适用最惠国待遇换文》。该文件出现在新中国成立前夕,其内容与关贸总协定相连接,涉及关税减让与幼稚工业保护等较为现代的最惠国待遇内容,可谓新中国成立后复关入世的前奏序曲。在该换文中,中美多次提到"最惠

---

① 议定书载明:"美利坚合众国大使声述:美利坚合众国参议院公历一千九百四十八年六月二日之决议案包含下列了解:参议院并了解本条约并不约束任何一方对于版权给予最惠国待遇。"王铁崖编《中外旧约章汇编》(第三册),生活·读书·新知三联书店 1962 年版,第 1644 页。

国待遇的适用"①,从换文的条文本身可以看到其与中国近代以来条约中的最惠国条款有重大区别,其最主要的特点是对最惠国条款的限制极多,包括最惠国条款有适用期限、范围局限于关税领域、对幼稚工业的保护(最惠国待遇之例外),这使得最惠国条款的影响力变小。同时,最惠国待遇重要的适用领域税则方面则依托较为平等的贸易协定为基础,保证了一定的公平性。将最惠国待遇限制于商贸领域,同时保证其公平互惠性都是现当代最惠国条款的应有之义,可见该换文在当时具有一定的前瞻性和进步性。

1949 年 8 月 25 日,中意之间存有《关于贸易关系之换文》,意大利发"照会"②提出以最惠国条款为基础建立两国贸易关系,对此,中方予以认可并规定解除权。该换文是新中国成立前最后一个有关最惠国待遇的外交文件,该文件以换文形式达成,并非签订正式合约,同时,换文中给予了任何一方政府的通知解除权。因此,该最惠国条款不会像先在的最惠国条款对我国国家主权造成重大影响。

---

① 中美换文载明:"在美利坚合众国政府或中华民国政府中之任何一方政府参加西德任何区域或脱里斯脱自由区之占领或管制之期间内,他方政府对于各该区域之商品贸易,将适用一九四七年十月三十日所订关税暨贸易总协定所载有关最惠国待遇之现有或于将来修正之各条文……则双方了解:该项承允,应不妨碍适用国际贸易组织夏湾拿宪章所规定关于依互惠基础减低关税之原则……则双方了解:如中国政府认为该项补贴对其已设定之某一本国工业,势将加以重大损害……因而对此项商品之输入,征课足与该项补贴之估计数额相等之抵偿税时,此项措施,不得视为与其在第一项规定下所为之承允相抵触……本照会中之各项承允,应继续有效至一九五一年一月一日为止。"王铁崖编:《中外旧约章汇编》(第三册),生活·读书·新知三联书店 1962 年版,第 1612~1614 页。

② 意大利照会指出:"在一九四九年四月二十二日贵我两国间签订之友好条约第九条所规定之通商航海条约未议订以前,意大利与中国间之贸易关系,自本日起,应续以最惠国待遇为基础。"王铁崖编:《中外旧约章汇编》(第三册),生活·读书·新知三联书店 1962 年版,第 1662 页。

第三章

近代中国与主要国家签订
最惠国条款的梳理与解读

　　1843 年 10 月 8 日,中英订立的《五口通商附粘善后条款》首开近代中外条约中最惠国条款之先河,到中日甲午战争前形成签约高潮。甲午战争后中国与一些小国也逐渐签订最惠国条款,渐渐几乎所有与中国建交的国家均与中国签订最惠国条款,从而形成一个完整的特权网络,并层层叠加,这对中国近代经济、政治、外交等产生了重大影响。近代中外条约中的最惠国条款极为繁复,涉及国家众多,且一个国家可能与中国就最惠国权益进行过多次协商、修订、签约,每次形成的条款内容、类别、范围、性质等都有诸多差异。其中,又以与英、美、法、日、俄五国签订的最惠国条款最繁杂,影响最为深远,本章试对主要材料汇总梳理并进行国别式解析。

第一节　　　　近代中英最惠国条款　　▶▶▶

　　如表 3-1 所示,英国于 1843 年最早获得在华最惠国待遇,其后,又通过多个条约对该待遇进行巩固与扩张,中英最惠国条款凸显了英国追求所谓"不歧视"贸易秩序的外贸政策,当然,这种"不歧视"并不存在于中英之间,而是存在于来华贸易的西方列国之间。从 1843 年的"毫无靳惜"到 1894 年"不得有异",都体现了英国的"不歧视"政策,这是缘于英国资本主义发展较早,其产品本身就具有较强竞争力,只须避免其他国家在中国获取独占权利便能通过市场竞争取得较好经济效益。

《续议通商行船条约》集中体现了这种政策,在该条约的第 8 款中,英国从两个层面进行了详细规定,以维持其在中国市场和西方各国具有"平等"的竞争地位。一方面,在华享有最惠国待遇的各国,也应受中英条约的限制,和英商一并完纳加增各税并所许各项事宜后,才能均沾英方在中英条约中获取的利益;另一方面,条约明确要求各国不得或明或暗要求中国给予政治利权或独占的商务利权。实际上,英国并不是完全追求"不歧视",而是以其国家利益为导向,在中英 1906 年《续订藏印条约》附约第 9 条①中,英国就力图将他国势力排除出该地区,但一旦他国经英国同意在该地区获取利益,则该利益英国同样要求。

表 3-1　近代中英条约中的最惠国条款一览表②

签约时间	签约地点	条约名称	条款	条款内容
1843 年 10 月 8 日	虎门	《五口通商附粘善后条款》	第 8 款	向来各外国商人只准在广州一港口贸易,上年在江南曾经议明,如蒙大皇帝恩准西洋各外国商人一体赴福州、厦门、宁波、上海四港口贸易,英国毫无靳惜,但各国既与英人无异,设将来大皇帝有新恩施及各国,亦应准英人一体均沾,用示平允;但英人及各国均不得借有此条,任意妄有请求,以照信守
1858 年 6 月 26 日	天津	《天津条约》	第 7 款	大英君主酌看通商各口之要,设立领事官,与中国官员于相待诸国领事官最优者,英国亦一律无异
			第 54 款	上年立约,所有英国官民理应取益防损各事,今仍存之勿失,倘若他国今后别有润及之处,英国无不同获其美

① 该附约第 9 款规定:"西藏允定,以下五端非英国政府先行照允,不得举办……四、无论何项铁路、道路、电线、矿产或别项利权,均不许各外国或隶各外国籍之民人享受,若允此项利权,则应将相抵之利权或相同之利权一律给予英国政府享受。"王铁崖编:《中外旧约章汇编》(第二册),生活・读书・新知三联书店 1959 年版,第 347～348 页。

② 资料参见王铁崖编:《中外旧约章汇编》(第一册),生活・读书・新知三联书店 1957 年版;王铁崖编:《中外旧约章汇编》(第二册),生活・读书・新知三联书店 1959 年版。

续表

签约时间	签约地点	条约名称	条款	条款内容
1869 年 10 月 23 日	北京	《新定条约》	第1款	中国允,凡与通商各国所定条约章程内有益于各国者,英国商民亦得一体均沾。英国允,凡英国商民欲援中国与各国所定条约章程之益一体均沾,即应照中国与各国所定条约章程之款一体遵守
			第2款	中国允,凡通商各口,英国均可派领事官驻扎。英国允,凡英国及英国属地各口,中国均可派官驻扎。彼此均照待各国官员最优之礼相待
1894 年 3 月 1 日	伦敦	《续议滇缅界、商务条款》	第13条	中国领事官在缅甸,英国领事官在中国,彼此各享权利,应与相待最优之国领事官所享权利相同
			第17条	两国人民,无论英民在中国地界,或华民在英国地界,凡有一切应享权利,现在所有或日后所添,均应相待最优之国一律,不得有异
1902 年 9 月 5 日	上海	《续议通商行船条约》	第8款第14节	凡在中国应享优待均沾之国亦须与中国立约,允照英国所定英商完纳加增各税并所许各项事宜,中国方能允照此条所载各节办理。凡各国与中国,或以前,或以后,立定条约内有优待均沾之款者,亦须一律允立此约。又,各国不得明要求中国、或暗要求中国给以政治利权,或给以独占之商务利权,以为允愿此条之基础,英国方能允照此条所载各节办理

续表

签约时间	签约地点	条约名称	条款	条款内容
1902 年 9 月 5 日	上海	《续议通商行船条约》	第8款第15节	倘各国与中国立定条约内有优待均沾之款者,若在西历一千九百零四年正月初一日以前尚未允按英国在于此款所许各节办理,须俟各国允许照办,始可将此款颁行
			第15款	嗣后中国若于他国所产或所造货物,如有给以税则利益之处,则英国所产或所造相同货物,无论由何人运来进口者,亦应一体均沾此项利益

除了正式的外交条约以外,中英还互换照会对最惠国待遇进行约定。1928 年 12 月 20 日,英国通过照会申明,放弃现行条约中限制中国自定关税税则的相关权利,但同时要求在该领域获取最惠国待遇。这里的最惠国待遇已由片面最惠国条款调整为双务的最惠国条款,当时的外交部长王正廷通过照会①表示认可。

---

① 该照会载明:"所有在上述贵国大皇帝辖境内之任何部分或统治下之任何地方,或属贵国大皇帝宗主权下之任何地方,或在大不列颠及澳大利亚、纽丝纶、南菲洲各政府行驶委任统治之任何地方,对于中国境内出产或制造之货物所予待遇,不异于任何他国出产或制造之货物时,则中国对于上述各该地方内出产或制造之货物,亦给予最惠国之待遇。本部长又代表大中华民国国民政府声明,所有在上述各地方出产或制造运赴华境之货物,所受待遇不异于运赴任何他国之货物所受之待遇时,则在中国境内出产或制造运赴上述各地方之货物,其在出口前所纳之出口税、内地税、通过税或关系上述各税之一切事项,亦给予最惠国之待遇。"王铁崖编:《中外旧约章汇编》(第三册),生活·读书·新知三联书店 1962 年版,第 664～665 页。

第二节　　　　近代中美最惠国条款

　　近代中美条约中的最惠国条款种类繁复、涵盖广泛、规定细致，美国从最开始只在税则方面享受最惠国待遇，逐渐扩张到京城居留、内地经商、人身保护、传教权利、教育权利、游历自由、建房开业、轮船航行等各个方面。(见表 3-2)1858 年 6 月 18 日，中美《天津条约》正式将最惠国条款的适用从商贸领域扩张到"船只海面、通商贸易、政事交往"等领域，流毒极深。中美条约中还出现了较多的双务最惠国条款及直接赋予中方相应权利的最惠国条款，如 1868 年《续增条约》第 6 款、第 7 款，1880 年《续修条约》第 2 款、第 3 款，甚至直接约定"洋药"贩卖不在最惠国待遇的范围以内，明确美国商民不准贩运洋药入中国通商口岸，这在条文上具有一定公正性。然而，条文的"公正性"并不能完全保障施行的"公正性"，美国并未切实履行条约义务，例如，在美华工的相关权益并未因中美最惠国条款而得到切实的保护，反而遭受各种非人待遇，以至于被限制入境。

表 3-2　近代中美条约中的最惠国条款一览表①

签约时间	签约地点	条约名称	条款	条款内容
1844 年 7 月 3 日	望厦	《五口贸易章程：海关税则》	第 2 款	合众国来中国贸易之民人所纳出口、入口货物之税饷，俱照现定例册，不得多于各国。一切规费全行革除，如有海关胥役需索，中国照例治罪。倘中国日后欲将税例变更，须与合众国领事等官议允。如另有利益及于各国，合众国人民一体均沾，用昭平允

---

　　① 资料参见王铁崖编：《中外旧约章汇编》(第一册)，生活·读书·新知三联书店 1957 年版；王铁崖编：《中外旧约章汇编》(第二册)，生活·读书·新知三联书店 1959 年版；王铁崖编：《中外旧约章汇编》(第三册)，生活·读书·新知三联书店 1962 年版。

续表

签约时间	签约地点	条约名称	条款	条 款 内 容
1858 年 6 月 18 日	天津	《天津条约》	第 6 款	嗣后无论何时,倘中华大皇帝情愿与别国,或立约,或为别故,允准与众友国钦差前往京师,到彼居住,或久或暂,即毋庸再行计议特许,应准大合众国钦差一律照办,同沾此典
			第 30 款	现经两国议定,嗣后大清朝有何惠政、恩典、利益施及他国或其商民,无论关涉船只海面、通商贸易、政事交往等事情,为该国并其商民从来未沾,抑为此条约所无者,亦当立准大合众国官民一体均沾
1858 年 11 月 8 日	上海	《通商章程善后条约:海关税则》	第 5 款	在天津条约第三十条所载:中国凡有利益施及他国者,准美国商民一体均沾;按此,美国商民亦可前往内地通商
			约后附粘例册	该约条款内有云,往来买卖所纳税饷,惟照粘附在望厦所立条约例册,除是别国按条约有何更改,即应一体均同
1868 年 7 月 28 日	华盛顿	《续增条约》	第 6 款	美国人民前往中国,或经历各处,或常行居住,中国总须按照相待最优之国所得经历、常住之利益,俾美国人一体均沾;中国人至美国,或经历各处,或常行居住,美国亦必按照相待最优之国所得经历与常住之利益,俾中国人一体均沾。惟美国人在中国者,不得因有此条,即使作为中国人民;中国人在美国者,亦不得因有此条,即使作为美国人民
			第 7 条	嗣后中国人欲入美国大小官学学习各等文艺,须照相待最优国之人民一体优待;美国人欲入中国大小官学学习各等文艺,亦照相待最优国之人民一体优待。美国人可以在中国按约指准外国人居住地方设立学堂,中国人亦可在美国一体照办

续表

签约时间	签约地点	条约名称	条款	条　款　内　容
1880 年 11 月 17 日	北京	《续修条约》	第 2 款	中国商民,如传教、学习、贸易、游历人等,以及随带并雇佣之人,兼已在美国各处华工,均听其往来自便,俾得受优待各国最厚之利益
			第 3 款	已在美国各华工及他项华人等,无论常居、暂住,如有偶受他人欺侮之事,美国应即尽力设法保护,与待各国人最优者一体相待,俾得各受按约应得之利益
1880 年 11 月 17 日	北京	《续约附款》	第 2 款	中国与美国彼此商定,中国商民不准贩运洋药入美国通商口岸,美国商民亦不准贩运洋药入中国通商口岸,并由此口运往彼口,亦不准作一切买卖洋药之贸易。所有两国商民,无论雇佣本国船、别国船及本国船为别国商民雇佣贩运洋药者,均由各本国自行永远禁止;再此条,两国商民彼此均不得引一体均沾之条讲解
1888 年 3 月 13 日	华盛顿	《限禁华工条约》	第 4 款	在美华工,或别项华人,无论常居或暂住,为保护其生命财产起见,除不准入美国籍外,其余应得尽享美国律例所准之利益,与待各国人最优者一体相待无异
1903 年 10 月 8 日	上海	《通商行船续订条约》	第 1 款	现照公例,并因中国钦差办理交涉大员应得驻劄美国京城,其所享一切特权并优例及豁免利益均照相待最优之国所派之相等钦差办理交涉大员一体接待享受,是以美国钦差办理交涉大员亦应得驻劄中国京城……其所享一切特权并优例及豁免利益,亦按公例,照相待最优之国所派大员一体接待享受

续表

签约时间	签约地点	条约名称	条款	条 款 内 容
1903 年 10 月 8 日	上海	《通商行船续订条约》	第 2 款	现因中国可派领事官员驻劄美国各地方,其所享分位职权并优例及豁免利益均与别国驻美领事官员一律,是以美国可按本国利益情形之所宜,酌派领事官前往驻劄中国已开或日后开为外国人民居住及通商各地方。此等领事官遇有事故,应以平行之礼、互敬之道随事酌情,或会晤,或行文,可直与领事官员职守所及之地方官相商办理。凡华官遇此等官员均须以合宜之礼相待,至所享分位职权及优例豁免之事并裁判管辖本国人之权,应与现在或日后中国施诸最优待之国相等官者无异
			第 3 款	美国人民准在中国已开及日后所开为外国人民居住、通商各口岸或通商地方往来、居住、办理商工各业制造等事,以及他项合例事业;且在各该处已定及将来所定为外国人民居住宜界之内,均准贷买房屋、行栈等,并租赁或永租地基,自行建造。美国人民身家、财产所享之一切权益应与现在或日后给予最优待之国之人民无异
			第 5 款	但订明,美国人民无论何时输纳税项,较之最优待之国之人民所输纳者,不得加重或另征。又中国人民运货进美境者,所纳之税不得较重于最优待之国之人民所纳者
			第 12 款	中国政府既于一千八百九十八年将船艘可以行驶之内港开为特行注册之一切华洋轮船行驶、贸易,以便载运搭客及合例货物,美国人民行铺、公司均可经营此项贸易,其所享利益应与给予他国人民者相同

续表

签约时间	签约地点	条约名称	条款	条款内容
1920年10月20日	华盛顿	《修改通商进口税则补约》	第2款	本约所附通商进口税则及章程应自本约互换之日起,在中国与各外国通商各口岸及各地方发生完全效力,非经双方订约修改,所有美国人民运货入中国,应照本约所附税则纳税;但订明,美国人民无论何时输纳税项,较之最优待国之人民所输纳者,不得加重或另征
1928年7月25日	北京	《整理中美两国关税关系之条约》	第1条	历来中、美两国所订立有效之条约内所载关于中国进出口货物之税率、存票、子口税并船钞等项之各条款,应即撤销作废,而应适用国家关税完全自主之原则。惟缔约各国对于上述及有关系之事项,在彼此领土内享受之待遇,应与其他国享受之待遇毫无区别
1946年11月4日	南京	《友好通商航海条约》	第2条	三、缔约双方之国民,于享受本条第一及第二两款所规定之权利及优例时,其所享受之待遇,无论如何,不得低于现在或将来所给予任何第三国国民之待遇
			第3条	四、缔约双方之法人及团体,于享受本条所规定之权利及优例时,其所享受之待遇,无论如何,不得低于现在或将来所给予任何第三国之法人及团体之待遇
			第6条	三、缔约此方之国民、法人及团体,在缔约彼方全部领土内,关于本条第一及第二两款所列举之事项,在依照依法组成之官厅现在或将来所施行之法律规章(倘有此项法律规章时)之条件下,应享受不低于现在或将来所给予缔约彼方之国民、法人及团体之保护和安全,且不低于现在或将来所给予任何第三国之国民、法人及团体之保护及安全

续表

签约时间	签约地点	条约名称	条款	条 款 内 容
1946 年 11 月 4 日	南京	《友好通商航海条约》	第 7 条	缔约此方之国民、法人或团体,在缔约彼方领土内,关于上述各事项,无论如何,应享受不低于任何第三国之国民、法人或团体之待遇
			第 8 条	五、缔约双方之国民、法人及团体,除第十条第二款另有规定外,关于动产之取得、保有、租赁、占有或处分之一切事项,应享受不低于任何第三国国民、法人及团体现在或将来所享受之待遇
			第 9 条	并在不低于现在或将来所给予任何第三国之国民、法人及团体之条件下,应享有关于专利权、商标、商号及其他工业品所有权之任何性质之一切权利及优例
			第 10 条	二、缔约此方之国民、法人及团体,不得课以异于或高于在缔约彼方领土内依法组成之官厅所施行之法律规章现在或将来对任何第三国之国民、法人及团体所课之任何内地税、规费或费用。但本款上述规定,不适用于对任何第三国之国民、法人及团体现在或将来所给予关于内地税、规费或费用之优惠,此项优惠系(甲)依照本相互之原则,以同样优惠给予一切国家或其国民、居民、法人或团体之立法所给予者,或(乙)由于为避免重复征税或为互保税收,而与第三国所订之约或其他协定所给予者
			第 11 条	关于关税及其他优例,并除第二十条第二款另有规定外,对于彼等或其货物样品所课之任何名目一切税款及费用,概应给予不低于现在或将来对任何第三国旅行商所给予之待遇

续表

签约时间	签约地点	条约名称	条款	条 款 内 容
1946年11月4日	南京	《友好通商航海条约》	第16条	二、关于本条第一款所指各事项,缔约此方之国民、法人及团体、船舶及载货,在缔约彼方领土内,应给予不低于现在或将来所给予任何第三国国民、法人及团体、船舶及载货之待遇
			第18条	前句所规定之物品,无论如何,不得给予低于现在或将来对于全部或一部由任何第三国之国民、法人、及团体,或由此等国民、法人及团体所组织或参加之法人及团体所种植、出产或制造之同样物品所给予之待遇
			第19条	关于汇率及关于汇兑交易之税款或费用,缔约彼方之种植物、出产物或制造品,应给予不低于现在或将来对任何第三国之同样种植物、出产物或制造品所给予之待遇
				且不低于对所为或所受同样两国领土间之同样汇兑及借款,而系该两领土间同样交易之一方之任何第三国国民、法人及团体现在或将来所给予之待遇
			第20条	应比照现在或将来所给予任何第三国及其国民、法人、团体及商务之待遇,对缔约彼方及其国民、法人、团体及商务,给予公允之待遇
			第22条	六、关于本条所指各事项,凡给予缔约任何一方之船舶及载货之待遇,无论如何,不得低于现在或将来所给予任何第三国船舶及载货之待遇

续表

签约时间	签约地点	条约名称	条款	条 款 内 容
1946 年 11 月 4 日	南京	《友好通商航海条约》	第24条	关于本款所指事项,缔约此方之船舶及载货,在缔约彼方之口岸、地方及领水内,应给予不低于现在或将来给予任何第三国船舶及载货之待遇
				缔约双方同意,缔约此方之船舶,在缔约彼方领土内,关于沿海贸易及内河航运所享受之待遇,应与对任何第三国船舶所给予之待遇,同样优厚
			第25条	关于过境之一切费用、规则及手续,对于此等国民、行李、人及物品所给予之待遇,不得低于任何第三国国民及其行李所给予之待遇,或对来自或前往任何第三国领土之人及物品所给予之待遇
1948 年 11 月 30 日	南京	《友好通商航海条约互换批准议定书》	第4、5段落	美利坚合众国大使声述:美利坚合众国参议院公历一千九百四十八年六月二日之决议案包含下列了解:"参议院并了解本条约并不约束任何一方对于版权给予最惠国待遇。"中华民国外交部部长声述:彼已将此项了解,予以纪录在案。双方之批准书经互相校阅,均属妥善,旋即依照通常方式,举行互换

　　《中美友好通商航海条约》共计 30 条,其中 15 条都直接赋予缔约国最惠国待遇,其核心目的,在条约第 19 款①明确指出,即保持市

———————

　　①　该条约第 19 款规定:"总之,任何此种管制之实施,不得影响缔约彼方之国民、法人及团体与任何第三国之国民、法人及团体之竞争关系,致使该缔约彼方蒙受不利。"王铁崖编:《中外旧约章汇编》(第三册),生活·读书·新知三联书店 1962 年版,第 1443 页。

场竞争的公正性,使得缔约国享有平等的经贸地位。同时,该条约涉及一些近代才逐渐被重视的权利,如法人及团体权利、专利权、商标权等,体现了时代的发展。条约其他条款虽未直接赋予缔约国最惠国待遇,但也多与最惠国待遇相关联,一部分条款如第5条明确指出采矿权一旦给予他国,则缔约彼国也应享有,此并非通过最惠国条款均沾,而是直接赋予采矿权,当然,这种规定其效果和最惠国条款均沾效果类似。另一部分条款,如条约第26条则是对最惠国条款适用的直接限制,剔除了毗邻国家、关税同盟、多边公约这三种情况下最惠国条款的适用。

第三节　近代中法最惠国条款

　　法国尤为重视税务方面的最惠国待遇,因此其不只在中法《五口贸易章程:海关税则》对税则进行约定,还在《天津条约》这种政治性条约中也专列税则方面的最惠国条款。同时,法国对其势力范围覆盖的中国西南边境地区也进行了格外关注,通过《越南边界通商章程》《续议商务专条》获得这些地区区域性的最惠国待遇,以防止某些只适用于本区域的特权无法通过普通的最惠国条款进行均沾,从而最大化保全其在当地的利益。(如表3-3所示)

---

　　① 该条约第26条规定:"三、本约之规定,凡给予不低于对任何第三国所给予之待遇者,对于下列情形,概不适用:(甲)为便利边境往来及贸易现在或将来所给予毗邻国家之优惠;(乙)缔约此方经与缔约彼方政府磋商后加入关税同盟,因而获得之优惠,而此项优惠,并不给予未加入该关税同盟之任何国家者;或(丙)依照普遍适用并得由所有联合国家参加之多边公约,对第三国所给予之优惠,而此项公约包括范围广大之贸易区域,其目的在求国际贸易或其他国际经济往来之流畅与增进者。"王铁崖编:《中外旧约章汇编》(第三册),生活·读书·新知三联书店1962年版,第1447页。

表 3-3　近代中法条约中的最惠国条款一览表①

签约时间	签约地点	条约名称	条款	条款内容
1844 年 10 月 24 日	黄埔	《五口贸易章程：海关税则》	第 6 款	至税则与章程现定与将来所定者,佛兰西商民每处每时悉照遵行,一如厚爱之国无异；倘有后减省税饷,佛兰西人亦一体邀减
			第 35 款	至别国定章程,不在佛兰西此次所定条款内者,佛兰西领事等官与民人不能限以遵守；惟中国将来如有特恩、旷典、优免保佑,别国得之,佛兰西亦与焉
1858 年 6 月 27 日	天津	《天津条约》	第 9 款	凡中国与各有立章程之国会议整顿或现、或后议定税则、关口税、顿税、过关税、出入口货税,一经施行办理,大法国商人均沾,用昭平允
			第 27 款	至税则与章程现定与将来所定者,大法国商民每处每时悉照遵行,一如厚爱之国无异
			第 40 款	惟中国将来如有特恩、旷典、优免、保佑,别国得之,大法国亦与焉

① 资料参见王铁崖编：《中外旧约章汇编》(第一册),生活·读书·新知三联书店 1957 年版；王铁崖编：《中外旧约章汇编》(第二册),生活·读书·新知三联书店 1959 年版；王铁崖编：《中外旧约章汇编》(第三册),生活·读书·新知三联书店 1962 年版。

续表

签约时间	签约地点	条约名称	条款	条款内容
1886 年 4 月 25 日	天津	《越南边界通商章程》	第 1 款	中国在此设关通商,允许法国即在此两处设立领事官,该法国领事官应得权利,即照中国待最优之国领事官无异
			第 2 款	至法国待此等领事官,并该领事官应得权利,即照法国待最优之国领事官无异
			第 16 款	中国商民侨居越南,所有命案、赋税、词讼等件,均与法国相待最优之国之商民无异
			第 17 款	至中国人民因犯法逃往越南,由中国官照会法国官,访查严拿,查明实系罪犯交出,照法国与别国所订互交逃犯之约最优之章办理。其法国人民及法国保护之人犯法被告逃往中国者,法国官照会中国官,查明实系罪犯,设法拘送交出法国官审办
1887 年 6 月 26 日	北京	《续议商务专条》	第 7 条	日后若中国因中国南境、西南境之事,与最优待之友国立定通商、交涉之和约、条款、章程等类,所有无论何等益处及所有通商利益,施于该友国,此等约一施行,则法国无庸再议,无不一体照办
1928 年 12 月 22 日	南京	《关税条约》	第 1 条	所有中、法两国间签订之有效条约内所载关于在中国进出口货物之税率、存票、子口税以及船钞等项之各条款,应即撤销作废,对于关税及其关系问题,此后应适用完全自主之原则。惟两缔约国对于上述及其关系问题,在彼此领土、属地、殖民地及保护地内享受之待遇,不得次于任何他国实际享受之待遇

中法最惠国条款处处显示了两国地位的不平等,其中《五口贸易章程:海关税则》第 35 款之规定则是这种不平等的突出代表。第 35 款先行规定了法兰西皇帝有权对章程条款"应行更易"之处与中国筹议,而并未赋予中国对等的修改条约启动权,而后对最惠国待遇的规定更是出现权利义务的极度失衡。根据该条款规定,法国能凭借最惠国条款享受其他国家未来在中国获得的一切利权,但又不受其他国家承诺的义务所限制。法国试图通过这种规定,取得"有条件"的最惠国条款的"无条件"适用,即所有最惠国待遇的无条件取得,这是对最惠国条款的极度扭曲与滥用,也是对中国主权的严重侵夺。

1928 年签订的中法《关税条约》第 1 条明确取消了法国协定关税的特权,缩小了最惠国条款涵盖的范围,是中国外交的重要成果。然而,更值得关注的是该条的内容并非采用传统最惠国条款的表述,其并未使用"利益均沾""最优之国"等词语,而是强调"不得次于任何他国实际享受之待遇",这同晚清政府与法国签订条约时使用的语句差距巨大。这种转变是历史的进步与必然,依托最惠国法律条款大肆侵夺中国利权的时代逐渐过去,取而代之的是更公平、公正、现代的国际贸易关系。民国时期对最惠国条款产生的这种新的表述开始凸显"平等对待"的精神实质,而这是最惠国条款真正的核心价值。最惠国条款并不应赋予"最惠国"超越"平等"的特权,这里的平等作两种解释:一是施惠国与受惠国之间应是平等的国际主体关系,而非如晚清与列强之间的不平等地位。二是最惠国条款是保证各受惠国具有平等的贸易主体地位,享受相同的贸易政策,维护公平的国际贸易秩序。最惠国法律条款追求的实际是正常的贸易关系,而这也是后来最惠国待遇更名为"永久性正常贸易关系"的原因。

第四节　　近代中日最惠国条款

中日条约中的最惠国条款较多,其适用范围也不断扩张。(如表3-4 所示)《马关新约》中的最惠国条款还局限于商贸往来,行船运输,

表 3-4 近代中日条约中的最惠国条款一览表①

签约时间	签约地点	条约名称	条款	条 款 内 容
1895 年 4 月 17 日	马关	《马关新约》	第 6 款	又本约批准互换之日起,新订约章未经实行之日前,所有日本政府官吏、臣民及商业工艺、行船船只、陆路通商等,与中国最为优待之国,礼遇互视,一律无异
1896 年 7 月 21 日	北京	《通商行船条约》	第 2 款	两国所派秉权大员,应照各国公法,得享一切权利并优例及应豁免利益,均照相待最优之国所派相等大员,一体接待享受
			第 3 款	各领事等官,中国官员应以相当礼貌接待,并各员应得分位、职权、裁判管辖权及优例、豁免利益,均照现时或日后相待最优之国相等之官,一律享受。大清国皇帝亦可设立总领事、领事、副领事及代理领事,驻扎日本国现准及日后准别国领事驻扎之处,除管辖在日本之中国人民及财产归日本衙署审判外,各领事等官应得权利及优例,悉照通例,给予相等之官一律享受
			第 4 款	凡通商各口岸城镇,无论现在已定及将来所定外国人居住地界之内,均准贷买房屋、租地、起造礼拜堂、医院、坟茔,其一切优例、豁除利益,均照现在及将来给予最优待之国臣民,一律无异
			第 9 款	至日本臣民在中国所输进、出口税,比相待最优之国臣民,不得多加,或有殊异。又凡货物由日本运进中国或由中国运往日本,其进、出口税亦比相待最优之国臣民运进、出口相同货物,现时及日后所输进、出口税,不得加多,或有殊异

① 资料参见王铁崖编:《中外旧约章汇编》(第一册),生活·读书·新知三联书店 1957 年版;王铁崖编:《中外旧约章汇编》(第二册),生活·读书·新知三联书店 1959 年版。

续表

签约时间	签约地点	条约名称	条款	条款内容
1896 年 7 月 21 日	北京	《通商行船条约》	第15款	所有日本大小船只,除纳船钞外,并无别项规费,至所纳船钞,不得过于最优之各船所纳之数
			第25款	按照中国与日本国现行各约章,日本国家及臣民应得优例、豁除利益,今特申明,存之勿失。又大清国大皇帝陛下已经或将来如有给予别国国家或臣民优例、豁除利益,日本国家及臣民亦一律享受
1896 年 9 月 27 日	杭州	《杭州塞德耳门原议日本租界章程》	第14条	所有福连塞德耳门及将来设有开拓之福连塞德耳门设施事宜,如别有优处,日本商民居住之塞德耳门,亦当一体均沾
1897 年 3 月 5 日	苏州	《苏州日本租界章程》	第13条	嗣后苏州别国居留地,倘中国另予利益之处,日本租界人民,亦须一体均沾

续表

签约时间	签约地点	条约名称	条款	条 款 内 容
1898 年 7 月 16 日	汉口	《汉口日本专管租界条款》	第 11 条	所有外国租界及将来设有开拓之外国租界设施事宜,如别有优处,日本租界亦当一体均沾
1898 年 8 月 18 日	沙市	《沙市口日本租界章程》	第 17 条	现时及将来允准外国人施设事宜,如别比本章有优处,则日本租界亦当一体均沾
1899 年 4 月 28 日	福州	《福州口日本专用租界条款》	第 12 款	所有外国租界及将来设有开拓之外国租界施设事宜,如别有优待之处,日本租界亦当一体均沾
1900 年 1 月 25 日	厦门	《厦门日本专管租界条款》	第 11 款	所有外国租界及将来设有开拓之外国租界施设事宜,如别有优处,日本一体均沾

续表

签约时间	签约地点	条约名称	条款	条 款 内 容
1901 年 9 月 24 日	重庆	《重庆日本商民专界约书》	第21条	现时及将来在重庆城内外,中国相待最优之国民所受一切优例及应得豁免利益,日本商人亦应一律享受,嗣后别国租界施设事宜,倘另有优处,日本租界亦须一体均沾
1903 年 5 月 18 日	北京	《代寄邮件暂行章程》	第1条	凡日本船只,无论邮船或寻常船只,如自愿专运华局邮件,不经日局之手,应与他国此等船只同受中国格外优待无殊。
1903 年 10 月 8 日	上海	《通商行船续约》	第9款	兹特声明,且大日本国政府官员、臣民、通商、行船、转运、工艺以及所有一切财产应享大清国大皇帝陛下及政府,各省、各地方各官府,允与别国政府官员、臣民、通商、行船、转运、工艺以及财产之一切优例、豁除及利益,无论其现已允与或将来允与,一体均享,完全无缺。中国官员、工商人民之在日本者,日本国政府亦必按照律法章程,极力通融优待
1905 年 12 月 22 日	北京	《会议东三省事宜正约》	附约第11款	满、韩交界陆路通商,彼此应按相待最优国之例办理。
			附约第12款	中日两国政府允,凡本日签名盖印之正约暨附约所载各款,遇事均以彼此相待最优之处施行

续表

签约时间	签约地点	条约名称	条款	条款内容
1909 年 9 月 4 日	北京	《东三省交涉五案条款》	第 3 款	中国政府承允上开两处煤矿开采煤觔出口外运时,其税率应按他处煤觔最惠之例征收
1911 年 5 月 12 日	奉天	《抚顺烟台煤矿细则》	第 6 条	但对于他处之煤,有较该煤矿减轻课税时,亦允会社一律均沾

到《通商行船条约》中就出现了适用范围极为宽广的概括型最惠国条款。日本还非常重视取得租界的最惠国待遇,在杭州、苏州、厦门、重庆、沙市、汉口、福州等租界条约中,都明确日本租界可以均沾其他国家租界享有的一切权利。中日条约中,权利义务最为失衡的最惠国条款是 1903 年 10 月 8 日中日在上海签订的《通商行船续约》第 9 款①。从该条款观之,可以看到两个层面的权利义务失衡。其一,日本方面的最惠国待遇适用领域通过详细罗列的方式进行明确,涵盖"通商、行船、转运、工艺"等广泛领域,而中国方面的优惠待遇则语义模糊,难以固定。其二,日本方面取得的是典型的最惠国待遇,而中

---

① 该条约第 9 款规定:"中、日两国现存各条约及两国约定事项未经因立本条约更改或废除者,仍旧照行不违;兹特声明,且大日本国政府官员、臣民、通商、行船、转运、工艺以及所有一切财产应享大清国大皇帝陛下及政府,各省、各地方各官府,允与别国政府官员、臣民、通商、行船、转运、工艺以及财产之一切优例、豁除及利益,无论其现已允与或将来允与,一体均享,完全无缺。中国官员、工商人民之在日本者,日本国政府亦必按照律法章程,极力通融优待。"王铁崖编:《中外旧约章汇编》(第二册),生活·读书·新知三联书店 1959 年版,第 194 页。

方的待遇则只是按照律法章程,极力通融优待,实际没有赋予中国真正的最惠国待遇,还暗含了中国所受待遇要受日本自身的"律法章程"所限制的意思表示。同时,该条款也存在对最惠国条款的滥用,最惠国条款本适用于国与国之间的最惠国待遇,但该条款明确指出各省、各地方、各官府赋予的优例、豁除、利益,日本都可均沾,这完全突破了最惠国条款的适用边界,甚至延伸到了地方规定。通过此条规定,日本将其最惠国特权扩张到国家和地方所有层面,这在近代中外不平等条约中都是极为罕见的。

第五节　　　近代中俄最惠国条款

俄国属于较为晚进的资本主义国家,其最重要的侵略目标并非在商务领域,而是在于扩张领土。因此,其并未第一时间谋取对华最惠国待遇。不过,随着中俄边境商贸的逐渐发展,其逐渐认识到商贸领域最惠国待遇的重要性。于是,俄国通过中俄《天津条约》获得商贸领域概括性的最惠国待遇,并于两年后在《北京续增条约》中再次进行确认,这种对前合约条款的再次确认在外交条约中并不多见,可见其对最惠国条款还是有一定的重视度。同时,我们应该看到俄国刻意获得了在中国东北、华北地区区域性的最惠国待遇,这与其着重经营其势力范围有密切关联。而《伊犁条约》的规定则将最惠待遇从俄民扩展到伊犁地区的部分原中国公民,只要这部分中国公民愿意入俄籍就能均沾俄民在华的一切特权,这不光是扩张了最惠国待遇的适用对象,更是对我国国家主权、国民权利的双重侵夺。(见表3-5)

表 3-5　近代中俄条约中的最惠国条款一览表①

签约时间	签约地点	条约名称	条款	条款内容
1858 年 6 月 13 日	天津	《天津条约》	第12条	日后大清国若有重待外国通商等事,凡有利益之处,毋庸再议,即与俄国一体办理施行
1860 年 11 月 14 日	北京	《北京续增条约》	第14条	至天津所定和约第十二条,亦应照旧,勿再更张
1879 年 10 月 2 日	里瓦吉亚	《伊犁条约》	第3条	其已入俄国籍之人,将来至中国地方贸易、游历等事,凡有两国条约许与俄民利益之处,亦准一体均沾
1902 年 9 月 22 日	北京	《交还关外铁路条约》	第6款	本约第三条载明期限之内,营口、山海关、北京一路所栽铁路线杆上安设电线一节,俄国政府亦应照本年俄历四月十六日中英两国所定交还铁路章程第八条各国在北京至山海关所得各利益,一律享用办理
			第7款	由北京至营口邮政寄信一事,俄国政府亦应照各国由北京至山海关一路所得之利益,一律享用
1907 年 7 月 8 日	北京	《北满洲税关章程》	第3条	铁路运货三分减一纳税,此系中俄特定之合同。中国允,除俄货外,各国之货经东省铁路运至中国,亦一体均沾

① 资料参见王铁崖编:《中外旧约章汇编》(第一册),生活·读书·新知三联书店 1957 年版;王铁崖编:《中外旧约章汇编》(第二册),生活·读书·新知三联书店 1959 年版。

第四章

中国近代最惠国条款的特点、类型、危害

第一节　　中国近代最惠国条款的特点

　　"最惠国条款作为保障通商上均等待遇的手段,换言之,最惠国条款只是作为本国防止接受不利的待遇,而防止给予其他国家特殊的特权手段,从 17、18 世纪以来,欧美各国之间,在通商条约中经常加进该条款。"①近代中外条约中也同样多次出现最惠国条款的身影,但这些法条多是在中外冲突的背景下签订,烙印了时代特征,其自然带有了不同于西方国家之间最惠国条款的特点。总体而言,其具有四大特性,即不平等性、叠加性、多领域性、变动性。

一、不平等性

　　近代中外条约中最惠国条款的最突出特征即为不平等性。这种不平等性体现在四个方面:

　　(一)条款签订背景的不公正

　　近代中外最惠国条款签订的密集期多在中外战争中国战败之后,此时,中国无法作为平等主体签订相关条约,也难以主张公平权利,而

————————

① 　［日］坂野正高:《近代中国外交史研究》,岩波书店昭和四十五年(1970 年)版,第 4 页。

对国际法知识的缺乏,更使得其在条约谈判中处于不利地位。比如,中英《五口通商附粘善后条款》关于最惠国待遇的"但书"①一节,是原稿中并不存在而由英方代表私自添加的,并以税则和开埠已定,英方"断不敢另有所求"以欺瞒中方代表得来。

(二)条款本身具有的不平等性

"从中外所订最惠国条款来看,不论是战败之后还是和平时期所订,也不论是大国还是小国所订,大部分是片面的。"②从中英《五口通商附粘善后条款》订立的片面最惠国条款开始,19世纪陆续与中国订约的众多欧洲国家中,只有奥地利一国给予了中国互惠性、概况性的最惠国条款。具体领域方面,欧美列强与中国签订的条约中,只有与德国在领事权益,与日本在部分通商领域有互惠的最惠国条款,但这也是在德日已与中国签订有概况性的片面最惠国条款的基础上,两国在极为个别且认为并不重要的领域给予中国零星的互惠权益。

(三)双务的最惠国条款也缺乏平等性

双务最惠国条款在近代中外条约中有由少到多的发展过程,而西方国家之所以愿意承诺双务,是因为在不平等的背景下即使形成形式平等的双务最惠国条款也不会给己方带来利益减损。一方面,大部分双务最惠国条款是由片面最惠国条款演变而来。近代以来,很多国家与中国签订了不止一项最惠国条款,而除了巴西、秘鲁等欧洲外的小国外,很少有国家第一次与中国签约就签订的是双务最惠国条款,而多采用片面最惠国条款。如1847年3月20日,中国与瑞典、挪威签订《五

---

①　"但各国既与英人无异,设将来大皇帝有新恩施及各国,亦准英人一体均沾,用示平允。"王铁崖编:《中外旧约章汇编》(第一册),生活·读书·新知三联书店1957年版,第36页。

②　李育民:《近代中外关系与政治》,中华书局2006年版,第48页。

口通商章程:海关税则》第 2 款①就是典型的片面最惠国条款,但到 1908 年,中国与瑞典签订的新的《通商条约》在入驻京城、领事官待遇、往来贸易、税则、船舶权利等领域皆修订为双务最惠国条款。与英国、美国、日本、葡萄牙等多国的最惠国条款也经历了从片面到双务的过程,此时的双务最惠国条款已经无法去除其不平等的基因。另一方面,双务最惠国条款的领域较为集中,尤其是集中于外交使节的礼遇领域。如中日《通商行船条约》第 2 款②,西方各国愿意在该领域签订双务最惠国条款,是缘于该外交礼遇本属于国际法惯例,对外交人员理应有所优待。同时,赋予秉权大员这些礼遇,并不会减少其国家利益,反而可以展现一种“形式上”的公平,故而西方国家愿意在外交礼节领域承担双务最惠国条款的义务,但在一些关键领域如协定关税、国民待遇、通商特权等,则难以见到双务最惠国条款。即使是外交礼遇方面的双务最惠国条款,也可以看到其中的权利分配并非完全平等。如中日《通商行船条约》第 3 款③,从该条款可以看出中国赋予日本的外交官礼遇包括“裁判官管辖权”,而日本在赋予中国外交官类似权利之时,则明文强调“管辖在日本之中国人民及财产归日本衙署审判”,使得中国外交官并无领事裁判权,可见,在这些关键权利上,所谓双务最惠国条款对中国而言也并非“最惠”。

---

① 该条约第 2 款规定:“瑞典国、挪威国等来中国贸易之民人,所纳出口、入口货物之税饷,俱照现定例册,不得多于各国。一切规费全行革除;如有海关胥役需索,中国照例治罪。倘中国日后欲将税例更变,须与瑞典国、挪威国等领事等官议允。如另有利益及于各国,瑞典国、挪威国等民人应一体均沾,用昭平允。”王铁崖编:《中外旧约章汇编》(第一册),生活·读书·新知三联书店 1957 年版,第 71～72 页。

② 该条约第 2 款规定:“两国所派秉权大员,应照各国公法,得享一切权利并优例及应豁免利益,均照相待最优之国所派相等大员,一体接待享受。”王铁崖编:《中外旧约章汇编》(第一册),生活·读书·新知三联书店 1957 年版,第 662 页。

③ 该条约第 3 款规定:“各领事等官,中国官员应以相当礼貌接待,并各员应得分位、职权、裁判管辖权及优例、豁免利益,均照现时或日后相待最优之国相等之官,一律享受。大清国大皇帝亦可设立总领事、领事、副领事及代理领事,驻扎日本国现准及日后准别国领事驻扎之处,除管辖在日本之中国人民及财产归日本衙署审判外,各领事等官应得权利及优例,悉照通例,给予相等之官一律享受。”王铁崖编:《中外旧约章汇编》(第一册),生活·读书·新知三联书店 1957 年版,第 662～663 页。

（四）中方的最惠国权益无法在实践中得到保障

1869 年 9 月 2 日,中国与奥地利签订《通商条约》第 43 款①为双务最惠国条款,该条款是奥地利主动提出的,但其给予中国最惠国待遇的实际理由则是"奥国路远,华民足迹不到,故奥国肯注于约"。可见,即使给予中国最惠国待遇,也是西方国家对本国利益权衡的结果,而中国较少的对外交流,使得其通过最惠国条款获取的收益极为有限。

再以中美《续增条约》为例,对于为数不多的来美华人商民而言,美国实际也未遵循契约的精神,给予华人商民足够的自由与保护,反而是对华人商民出入美国及在美国居住、旅行、商务活动进行各种限制,最惠国条款的约定并未得到忠实执行。值得注意的是,《续增条约》还是在美国急需招募华工赴美修筑铁路等工程,以弥补其国内劳动力不足的背景下出台的。随着其劳动力市场需求的逐渐疲软及经济危机的影响,该互惠的双务最惠国条款逐渐在美国国内受到抵制,美国开始出现排华浪潮。到 1894 年 3 月 17 日,中美《限禁来美华工保护寓美华人条约》第 1 款就以 10 年为期,载明"禁止华工前往美国",明确违反 1868 年的双务最惠国条款。可见,双务最惠国条款的适用与否是与美国的国家利益变动息息相关,中国在此并没有一个平等的议价空间并且条约实施难以获得有力保障。

▌二、叠加性

近代中外条约中最惠国条款的叠加性体现在两个层面,一个是单个国家多个最惠国条款的纵向叠加,另一个则是多国最惠国条款的横向叠加。具体而言,前者是指单个国家与中国在不同时期签订了数个不同的最惠条款,这些条款相互渗透补充,极度强化该国对中国权利

---

①　该条约第 43 款规定:"今后中国如有恩施利益别国之处,奥斯马加国亦无不一体均沾实惠。如中国将税则、关口税、吨税、过关税、出入货税及各口随时设法杜弊各章程,无论与何国议定,一经通行,奥斯马加国商民、船主人等亦一体遵照,毋庸再议条款。中国商民如赴奥斯马加国贸易,应与奥斯马加国最为优待之国商民一律。"王铁崖编:《中外旧约章汇编》(第一册),生活·读书·新知三联书店 1957 年版,第 284 页。

的侵夺。后者是指不同国家与中国签订最惠国条款,这些条款在不同领域叠加,从而形成网络,不断扩大最惠国条款适用的广度与深度。就前者而论,例如,中法之间就出现了多个最惠国条款。1844 年 10 月 24日,中法在黄埔签订《五口贸易章程:海关税则》,其中,第 6 款①是针对税则的最惠国条款,其适用范围较为狭小。同约第 35 款②则在第 6 款的基础上扩大了最惠国条款的适用范围,但因为其依然是定于贸易章程之内,该最惠国条款的适用是否可以超越商务和税务领域还存在不确定性。1858 年 6 月 27 日,中法《天津条约》第 40 条③为概况性的最惠国条款,这个条款规定于中法之间的政治性条约,直接将法国享有的最惠国待遇扩展到了经济、政治、文化等全部领域。除了在适用范围上的扩展,单个国家的最惠国条款的叠加还会出现在该国尤其关注的特殊领域。1886 年 4 月 25 日,中法在天津签订《越南边界通商章程》第 1款④约定了关于领事官的最惠国待遇。1887 年 6 月 26 日,中法在北京签订《续议商务专条》第 7 条⑤则约定了涉及该地区更多方面的最惠国待遇。中国的西南地区,包括越南正是法国重点经营的势力范围,在拥有概括性最惠国条款的基础上,又对西南地区进行特别约定,凸显了这些地区对法国的重要性。

---

　① 该章程第 6 款规定:"至税则与章程现定与将来所定者,佛兰西商民每处每时悉照遵行,一如厚爱之国无异;倘有后减省税饷,佛兰西人亦一体邀减。"王铁崖编:《中外旧约章汇编》(第一册),生活·读书·新知三联书店 1957 年版,第 59 页。

　② 该章程第 35 款规定:"至别国定章程,不在佛兰西此次所定条款内者,佛兰西领事等官与民人不能限以遵守;惟中国将来如有特恩、旷典、优免保佑,别国得之,佛兰西亦与焉。"王铁崖编:《中外旧约章汇编》(第一册),生活·读书·新知三联书店1957 年版,第 64 页。

　③ 该条约第 40 条规定:"惟中国将来如有特恩、旷典、优免、保佑,别国得之,大法国亦与焉。"王铁崖编:《中外旧约章汇编》(第一册),生活·读书·新知三联书店1957 年版,第 112 页。

　④ 该章程第 1 款规定:"中国在此设关通商,允许法国即在此两处设立领事官,该法国领事官应得权利,即照中国待最优之国领事官无异。"王铁崖编:《中外旧约章汇编》(第一册),生活·读书·新知三联书店 1957 年版,第 478 页。

　⑤ 该专条第 7 条规定:"日后若中国因中国南境、西南境之事,与最优待之友国立定通商、交涉之和约、条款、章程等类,所有无论何等益处及所有通商利益,施于该友国,此等约一施行,则法国无庸再议,无不一体照办。"王铁崖编:《中外旧约章汇编》(第一册),生活·读书·新知三联书店 1957 年版,第 516 页。

　　多国的最惠国条款的相互叠加使得不同国家的最惠国条款发生交互影响,从而不断扩展最惠国条款体系的影响力。最惠国条款本身会关涉到第三国,这就使得各个国家不同的外交条款会在最惠国条款的统驭下形成一个特殊的权利集合。这本是最惠国条款的应有之义,但近代中外最惠国条款是建立在地位的不平等之上,叠加性自然也发挥着不一样的影响,学者 G.P.赫德森对此进行了精确"解读"①。法、英、美走在这种"合作"模式的前列:1841 年,法国特使真盛意提出"为一切友好国家的商船开放中国的几处主要港口"②;因统治阶级变化,侵华急先锋英国的殖民政策实现了"转变"③,由专利政策转为利益均沾政策,维多利亚女王在议会作报告,谈及《南京条约》时,就提出不以独享利权为怀,愿意"共享"在华利权;签订中美《望厦条约》的美国专使顾盛也认为各国实现了"互利"④,而这种合作互利的"基础"⑤就是最惠国条款。

---

　　①　G.P.赫德森指出:"原来的目的,是在于将中国的市场,对于一切国家,在平等的条件下,确实开放。但是其结果,由于各国都向中国提出同样的要求,因而形成了一个共同战线。所以,无论给予一个国家的东西是什么,也不管当初给予时的情况和条件如何,一切国家都可以利用。"[日]坂野正高:《近代中国外交史研究》,岩波书店昭和四十五年版,第 5 页。

　　②　[法]卫青心:《法国对华传教政策》上卷,黄庆华译,中国社会科学出版社 1991 年版,第 169 页。

　　③　"英国是一个老牌的殖民主义国家,其传统的殖民政策是专利政策。工业革命之后,新兴的工业资产阶级掌握了国家政权,他们需要实行自由贸易。在殖民政策方面,也相应地由专利政策转为'利益均沾'政策。"李育民:《近代中国的最惠国待遇制度》,载《湖南师范大学社会科学学报》1995 年第 6 期。

　　④　顾盛指出:"美国及其他国家,必须感谢英国,因为它订立了的《南京条约》,开放了中国门户。但现在,英国和其他国家,也必须感谢美国,因为,我们将这门户开放得更宽阔了。"卿汝楫:《美国侵华史》第 1 卷,生活·读书·新知三联书店 1952 年版,第 79 页。

　　⑤　顾盛指出:"缔结的《望厦条约》中,许多新的规定,成为英帝国通商的极大利益。因为英国的补充条款规定了中国给予其他国家任何新的特权,英国也完全享有这种规定。同样的条款,也存在于《望厦条约》。这样,两国政府各自像外国贸易势力所做的那样,逐步地开放了这个广大的帝国门户,成为我们双方的共同利益,而且也是整个基督教世界共同的利益。"[日]坂野正高:《近代中国外交史研究》,岩波书店昭和四十五年(1970 年)版,第 5 页。

三、多领域性

西方各国之间签订最惠国条款多集中于贸易领域,重在削减关税,而对他国的政治、国内经济、文化等领域则鲜有涉及。近代中外条约中的最惠国条款却极大地扩张了其涵盖的范围,从多个方面对中国主权进行了严重破坏,主要包括如下领域:

(一)税则领域

自从中国让渡关税主权,通过与列强谈判来决定税则后,最惠国条款就多涉及该领域,如中国与奥地利《通商条约》的第 20 款①。除奥地利以外,计有法国、英国、德国、瑞典、挪威、美国、日本、葡萄牙、比利时、墨西哥、秘鲁、巴西、朝鲜、苏联也单独就关税税则问题与中国签订最惠国条款。其中,既有与中国签订多项最惠国条款的列强,又有只与中国签订过一个商约的墨西哥、朝鲜等国,可见各国都对关税税则高度重视。实际上,最惠国条款促进自由贸易本应关注税则,但协定关税却因其不平等性成为中国近代中外条约中丧失的最重要的权利之一。

(二)司法领域

早在中英 1843 年签订的《五口通商章程:海关税则》第 13 款②对领事裁判权就有规定,此为近代列强攫取领事裁判权之开端,后又经美法等国进一步扩张定型,而后续国家则多依托最惠国条款来获取这一

---

① 该条约第 20 款规定:"奥斯马加国商民起卸货物输纳税饷,约准俱照税则为额,总不能较诸相待最优之国或有加增之处。"王铁崖编:《中外旧约章汇编》(第一册),生活·读书·新知三联书店 1957 年版,第 280 页。

② 该章程第 13 款规定:"凡英国禀告华民者,必先赴管事官处投禀,候管事官先行查察谁是谁非,勉力劝息,使不成讼。间有华民赴英官处控告英人者,管事官均应听诉,一例劝息,免至小事酿成大案……倘遇有交涉词讼,管事官不能劝息,又不能将就,即移请华官公同查明其事,既得实情,即为秉公定断,免滋讼端。其英人如何科罪,由英国议定章程、法律发给管事官照办。"王铁崖编:《中外旧约章汇编》(第一册),生活·读书·新知三联书店 1957 年版,第 42 页。

特权。如中葡《和好通商条约》第 9 条①的约定，领事官享获的优免、利益、防损种种恩施并未以列举方式言明。这就是将领事裁判权隐藏于宽泛的领事官权利集合内，从而依托最惠国条款获取领事裁判权。这里有一个例外，中日签订的《通商行船条约》第 3 款就直接明言裁判官管辖权也包含于外交官权限中，较为少见。

（三）航运领域

航运领域的最惠国条款对象种类复杂，有宽泛地约定商船的最惠国条款，如中国与瑞典《通商条约》第 6 款载明"彼此两国商船均照最优待国之商船一律相待②。"也有对特定用途船只的最惠国待遇进行约定，如中日《代寄邮件暂行章程》第 1 条第 4 款③在航运这一特别领域中再划定寄送邮件的船只应享有的最惠国待遇。还包括对特种船只的最惠国约定，如中国与瑞典《通商条约》第 8 款④属于对兵船的特别约定，在中墨、中巴《通商条约》中也有类似规定。

（四）公民待遇领域

该领域涉及公民生活的诸多层面，包括西方在华公民的居住、游历、职业、宗教信仰、财产保护、文化教育等各个方面的特权，并在最惠

---

① 该条约第 9 条规定："该领事官职分权柄，皆与别国领事官所操行者无异，无论何时别国领事官享获优免、利益、防损种种恩施，大西洋国领事官亦如大清国相待最优之国领事官，一律无异。"王铁崖编：《中外旧约章汇编》（第一册），生活·读书·新知三联书店 1957 年版，第 524 页。

② 王铁崖编：《中外旧约章汇编》（第二册），生活·读书·新知三联书店 1959 年版，第 517 页。

③ 该章程第 1 条第 4 款规定："凡日本船只，无论邮船或寻常船只，如自愿专运华局邮件，不经日局之手，应与他国此等船只同受中国格外优待无殊。"王铁崖编：《中外旧约章汇编》（第二册），生活·读书·新知三联书店 1959 年版，第 157 页。

④ 该条约第 8 款规定："中、瑞两国兵船如先由此国告知彼国，准其驶入彼此向准他国兵船驶入之各口，并与最优待国之兵船一律相待。"王铁崖编：《中外旧约章汇编》（第二册），生活·读书·新知三联书店 1959 年版，第 517 页。

国条款中以列举方式予以表述。如中日《通商行船条约》第 4 款①,该条款涉及日本在华公民有在一定范围内买卖租赁房屋和建设相关设施的权利,而其中礼拜堂的建造又关涉宗教领域。再如中葡《和好通商条约》第 11 款②,该法条涵盖葡萄牙公民在中国拥有居住、贸易、工作及安全保障等各种权利待遇。也有一些公民待遇是通过专门条款单独罗列的,如中美《续增条约》第 7 条③就涉及美国在华公民的文化教育权利。

(五)租界权利领域

列强在中国划定租界,而租界的相关权利则由最惠国条款调整化一。如中奥《天津奥国租界章程合同》第 11 款④即为明确的关于租界权利的最惠国条款,要求租界相关权利与最优之国保持一致。查英国、意大利、日本诸国也有类似条款。

(六)合同权利领域

这种权利并非缘于两国的外交条约,而多是两国间的商贸约定。如 1913 年 12 月 31 日中国发给德国的《高密韩庄及济南顺德铁道照

---

① 该条约第 4 款规定:"凡通商各口岸城镇,无论现在已定及将来所定外国人居住地界之内,均准贷买房屋,租地起造礼拜堂、医院、坟茔,其一切优例、豁除利益,均照现在及将来给予最优待之国臣民,一律无异。"王铁崖编:《中外旧约章汇编》(第一册),生活·读书·新知三联书店 1957 年版,第 663 页。

② 该条约第 11 款规定:"一、所有大清国通商口岸均准大西洋国商民人等眷属居住、贸易、工作,平安无碍,船只随时往来通商,常川不辍。其应得利益均与大清国相待最优之国无异。"王铁崖编:《中外旧约章汇编》(第一册),生活·读书·新知三联书店 1957 年版,第 524 页。

③ 该条约第 7 条规定:"美国人欲入中国大小官学学习各等文艺,亦照相待最优国之人民一体优待。"王铁崖编:《中外旧约章汇编》(第一册),生活·读书·新知三联书店 1957 年版,第 263 页。

④ 该条约第 11 款规定:"他国办理租界一事,如得有中国国家格外利益,奥国以优待之国之礼,亦宜一体均沾,以昭划一。"王铁崖编:《中外旧约章汇编》(第二册),生活·读书·新知三联书店 1959 年版,第 163 页。

会》第 3 条第戊款①。与日本的借款合同也出现过类似的最惠国条款。特定的最惠国条款已经超出外交条约的范畴,在双方合意才能达成的普通商业合作中竟然也出现给予西方国家依照最惠国待遇享受优待的特权。可见,西方国家通过最惠国条款对中国的权益掠夺已经深深嵌入中国经济的各个层面。

(七)杂项权利领域

其他权利领域试罗列如下:(1)驻扎京师的权利,如中美《天津条约》第 6 款②;(2)公司权益,如中德《胶澳租界条约》第 2 端第 3 款③;(3)具体领域的税费优惠,如中日《东三省交涉五案条款》第 3 款④;(4)通商口岸间贸易权,中墨《通商条约》第 11 款⑤,此条款明文不允许墨西哥商船在通商口岸间往来贸易,但却以最惠国条款约定,一旦中国将该权利授予他国,则墨西哥作为最惠国有权获得该项贸易权。而中国与秘鲁、中国与巴西的条约中皆有"准在中国通商各口往来运货贸易""两国人民准在两国通商口岸运货贸易"等用语,使得墨西哥可以依托

---

①　该照会第 3 条第戊款载明:"中国政府对德国政府再行声明,倘如中国政府将来与他国订立铁路合同,其内关于筑路、行车事宜或有比上开条款较优者,亦愿将此项较优之权利自然照给该二条铁路。"王铁崖编:《中外旧约章汇编》(第二册),生活・读书・新知三联书店 1959 年版,第 982 页。

②　该条约第 6 款规定:"嗣后无论何时,倘中华大皇帝情愿与别国,或立约,或为别故,允准与众友国钦差前往京师,到彼居住,或久或暂,即毋庸再行计议特许,应准大合众国钦差一律照办,同沾此典。"王铁崖编:《中外旧约章汇编》(第一册),生活・读书・新知三联书店 1957 年版,第 90 页。

③　该条约第 2 端第 3 款规定:"惟所立德商、华商公司,造办以上铁路,中国国家理应优待,较诸在中国他处之华洋商务公司办理各事所得利益,不使向隔。"王铁崖编:《中外旧约章汇编》(第一册),生活・读书・新知三联书店 1957 年版,第 739 页。

④　该条款第 3 款规定:"丙、中国政府承允上开两处煤矿开采煤觔出口外运时,其税率应按他处煤觔最惠之例征收。"王铁崖编:《中外旧约章汇编》(第二册),生活・读书・新知三联书店 1959 年版,第 599 页。

⑤　该条约第 11 款规定:"两国商船准在彼此现在或将来开准通商各口与外洋往来贸易,但不准在一国之内各口岸往来载货贸易,盖于本国之地往返各口运货乃本国子民独享之利也。如此国将此例施于别国,则彼国商民自应一体均沾,但须妥立互相酬报专条,方可照行。"王铁崖编:《中外旧约章汇编》(第一册),生活・读书・新知三联书店 1957 年版,第 936 页。

最惠国条款直接突破其在中墨《通商条约》所受的相关限制;(5)电报领域,如,1907 年 10 月中德在北京签订《会定电报事宜合同》第 1 款①,该条款明确指出德国可以均沾的权利对象包括别政府、别电局、别公司的特权,所涉权利范围非常广大。

四、变动性

近代中外条约中的最惠国条款根据时局的变迁展现出了三种较为明显的变化趋势。

（一）由单务的最惠国条款向双务的最惠国条款转变

中国与英、美、法、俄、日等列强签订的早期最惠国条款多为单务的最惠国条款,中国只承担义务,却不享有最惠国待遇。1868 年 7 月 28 日,中美在华盛顿签订《续增条约》第 6 款②约定了双务的最惠国条款,但只限于游历和居住这些比较狭小的领域。1881 年 10 月 3 日,中国与巴西在天津签订《和好通商条约》第 1 款③,出现了概括性的双务最惠国条款,中国与巴西的待遇对等。1904 年至 1908 年签订的中外条约则多包含双务最惠国条款,比如,1908 年 7 月 2 日,中国与瑞典在北京签订《通

---

① 该合同第 1 款规定:"总之,凡以上情事,德国电报局较之别政府(指他国政府所设之电线)、别电局(指他国官商合办之电局)、别公司(指他国商家所设之电线公司)所享之利益,无论为事实(指中国允许他国电报已经施行之利益)、为定例(指中国电局定章所给应得之利益)皆不能减少。"王铁崖编:《中外旧约章汇编》(第二册),生活·读书·新知三联书店 1959 年版,第 398 页。

② 该条约第 6 条规定:"美国人民前往中国,或经历各处,或常行居住,中国总须按照相待最优之国所得经历、常住之利益,俾美国人一体均沾;中国人至美国,或经历各处,或常行居住,美国亦必按照相待最优之国所得经历与常住之利益,俾中国人一体均沾。惟美国人在中国者,不得因有此条,即时作为中国人民;中国人在美国者,亦不得因有此条,即时作为美国人民。"王铁崖编:《中外旧约章汇编》(第一册),生活·读书·新知三联书店 1957 年版,第 262 页。

③ 该条约第 1 款规定:"嗣后大清国与大巴西国暨厥人民永存和好,永敦友谊,彼此皆可前往侨居,须由本人自愿,各获保护身家、财产,并一体与相待最优之国民人同获恩施利益。"王铁崖编:《中外旧约章汇编》(第一册),生活·读书·新知三联书店 1957 年版,第 395 页。

商条约》第 4 款①。民国时期,中外条约中的最惠国条款多转变为双务性质。中华人民共和国成立后片面最惠国条款彻底退出历史舞台。

(二)特定的最惠国条款与概况的最惠国条款之间不断转换

西方列强与中国签订的最惠国条款最开始多限定于贸易关税领域,属于特定的最惠国条款。以美国为例,1844 年 7 月 3 日,中美在望厦签订《五口贸易章程:海关税则》,该章程第 2 款②只涉及对外贸易的税则问题。然而,到了 1858 年 6 月 18 日,中美在天津签订《天津条约》,其中第 30 款③明确将最惠国条款的适用推广到贸易、政治、外交等领域。到了 20 世纪初期,中国与瑞士、波斯、玻利维亚等多国签订的最惠国条款又转为特定最惠国条款。如 1918 年 6 月 13 日,中国与瑞士在东京签订《通好条约》,该条约第 2 章④对外交人员进行约定,该条款将最惠国待遇只限定于外交领域,并且不包含领事裁判权,更符合国际交往惯例。

---

① 该条约第 4 款规定:"中国人民准赴瑞典国各处地方往来,运货贸易。瑞典国人民准赴中国已开或日后所开各通商地方往来,运货贸易。两国人民均准按照现行律例暨给与最优待国人民之优例,在以上各地方从事商业、工业、制作及别项合例事业,赁买各项房屋为居住贸易之用,及租与地段起造房屋、礼拜堂、坟茔、医院,并准雇佣该处人民,办理合例事务,地方官不加禁阻。其一切优例、豁免利益、两国均照现在及将来给与最优待国之人民一律无异。"王铁崖编:《中外旧约章汇编》(第二册),生活·读书·新知三联书店 1959 年版,第 516 页。

② 该章程第 2 款规定:"合众国来中国贸易之民人所纳出口、入口货物之税饷,俱照现定例册,不得多于各国。一切规费全行革除,如有海关胥役需索,中国照例治罪。倘中国日后欲将税例更变,须与合众国领事等官议允。如另有利益及于各国,合众国民人应一体均沾,用昭平允。"王铁崖编:《中外旧约章汇编》(第一册),生活·读书·新知三联书店 1957 年版,第 51 页。

③ 该条约第 30 款规定:"现经两国议定,嗣后大清朝有何惠政、恩典、利益施及他国或其商民,无论关涉船只海面、通商贸易、政事交往等事情,为该国并其商民从来未沾,抑为此约所无者,亦当立准大合众国官民一体均沾。"王铁崖编:《中外旧约章汇编》(第一册),生活·读书·新知三联书店 1957 年版,第 95 页。

④ 该条约第 2 章规定:"大中华民国政府、大瑞士民国政府均得派外交代表、总领事、正领事、副领事、代理领事驻扎彼国京城及许他国代表驻扎之重要城邑,得享有同等之一切权利待遇,其他特许、免除之例均与其他最惠国之代表领事等一律。"王铁崖编:《中外旧约章汇编》(第二册),生活·读书·新知三联书店 1959 年版,第 1373 页。

（三）有条件的最惠国条款逐步发展为无条件的最惠国条款

有条件的最惠国条款应理解为在条文上和程序上对最惠国条款的适用进行了限制。早在 1843 年中英《五口通商附粘善后条款》中的最惠国条款就有限制该条适用的"但书"。中英在北京签订《新定条约》第 1 款①更是从程序上对最惠国条款的均沾设立了限制，即必须受专章的限制。中德签订的《续修条约》、中国与西班牙的条约也有类似条文。而这种有条件的最惠国条款的"条件"后来被逐渐放宽，条文上的限制逐渐取消，虽尚有部分国家在条约中保留均沾专章权利要受专章义务限制的条文，但更多的国家开始采用类似 1863 年 10 月 6 日中荷《天津条约》第 15 款②的表述，最惠国条款的适用已经具有自动性与无条件性。

还有一点应该明确，即近代中外条约中的最惠国条款所具有的上述三大变化并非绝对，易言之，这三种变化并非是由双务的、特定的、无条件的最惠国条款完全取代片面、概况、有条件的最惠国条款，而是存在各种特例与妥协，并共同构建了复杂的近代中外最惠国条款体系。

第二节　中国近代最惠国条款的典型类型　▶▶▶

最惠国条款在商约中予以适用有很长的历史，用以将国与国之间的关税税率保持在最低水准。早在 1226 年，弗雷德里克二世（Fredrick Ⅱ）将授予比萨和热那亚的关税特权授予马赛。到 17、18 世纪，欧洲各

---

① 该条约第 1 款规定："中国允，凡与通商各国所定条约章程内有益于各国者，英国商民亦得一体均沾。英国允，凡英国商民欲援中国与各国所定条约章程之益一体均沾，即应照中国与各国所定条约章程之款一体遵守。"王铁崖编：《中外旧约章汇编》（第一册），生活·读书·新知三联书店 1957 年版，第 308 页。

② 该条约第 15 款规定："一、现经两国所定条约，凡有取益、防损之道尚未议及者，若他国今后别有润及之处，和国无不同获其美。"王铁崖编：《中外旧约章汇编》（第一册），生活·读书·新知三联书店 1957 年版，第 212 页。

国之间多给予互惠的最惠国待遇。诸如此类的最惠国条款虽然很多，但却只局限于关税减免并且最惠国条款类型较为统一。不过，这种贸易规则运用到近代中国，则出现了大量的变形与异化。纵观近代中外条约中的最惠国条款，不同类型最惠国条款在数量及影响上存在较大差异，以概括型、积极性、消极性、片面性最惠国条款为主。这四种类型的最惠国条款适用灵活、组合多样、覆盖范围广泛，是攫取中国国家利益的高效工具，因此，这些类型的最惠国条款在中外条约中得到最广泛的运用。

一、概括型最惠国条款

中国与西方各国签订的早期最惠国条款多为概括型最惠国条款，而在出现与一国签订多次最惠国条款的情况时，也多先行签订一个概括型的最惠国条款，然后用后续最惠国条款对其进行补充、细化或者范围的扩张。比如，中国近代第一个最惠国条款就是一个范围广大的概括型最惠国条款，只是其规定于商约之中，按系统解释，其应限定于五口通商的商务范畴。后续又用其他的条约对该项约定进行扩充，比如中英《天津条约》第 54 条[①]，其规定于一个正式的政治性条约且取消了语句的限制用语，这实际上是突破了《五口通商附粘善后条款》的商务性质，而将最惠国条款的适用扩张到社会、政治、文化等各个领域。依据限制条件与力度的不同，中外条约中的概括型最惠国条款还可以分为四类。第一种为最广泛的概括型法条，其无论从内容还是解释层面，都不存在任何的限制，如上述中英《天津条约》的最惠国条款就是这种最广泛概括型条款的典型。第二种为后签约国在条文中约定其权利与先签约国一致，如中丹《天津条约》第 54 款[②]，这种最惠国条款以前签约国所获权利范围为限，但由于前签约国获得的最惠国待遇已经涉及

---

① 该条约第 54 款规定："上年立约，所有英国官民理应取益防损各事，今仍存之勿失，倘若他国今后别有润及之处，英国无不同获其美。"王铁崖编：《中外旧约章汇编》（第一册），生活·读书·新知三联书店 1957 年版，第 103 页。

② 该条约第 54 款规定："各国所有已定条约内载取益、防损各事，大丹国官民亦准无不同获其美。"王铁崖编：《中外旧约章汇编》（第一册），生活·读书·新知三联书店 1957 年版，第 204 页。

中国的政治、经济、社会、宗教、外交、文化等各个方面,因此,也是极为广泛的最惠国条款。第三种为通过列举方式对最惠国条款的适用范围进行规定,但列举的选词较为宽泛,且列举的词汇无法归为某一大类权利,为最惠国条款的滥用留下广阔空间。如中日《马关新约》第 6 款①,该条款罗列了商业、船务、通商等领域,最惠国条款的适用范围就涵盖这几大领域,而享受最惠国待遇的对象则为日本官吏、臣民,涵盖面也是相当宽广。第四种则是条文载明最惠国待遇只适用某一个领域。如中俄《天津条约》第 12 条②,这就将最惠国条款限制于通商一个领域,但由于通商领域又包括关税、运输、手续办理、港口作业等多个方面,因此也是概括型的最惠国条款,但相对而言,已属于适用范围较为狭窄的概况型最惠国条款。

二、有积极内容的最惠国条款

这里的"积极"并非价值判断上对中国有利的适用,有积极内容的最惠国条款其实是指其会直接赋予缔约国某些权利。如中美《通商行船续订条约》第 3 款③,该条款给予了美国人在中国通商口岸行动的自由,并赋予其居住、贸易、购买房屋等权利。尽管最惠国条款所涉及的权利多数是由中外条约中的其他条款进行约定,而无须直接在最惠国条款中标明,但有积极内容的最惠国条款数量依然不少,这种直接标明了具体权利让渡的有积极内容的最惠国条款有着不同的分类。其一是细化已有的概况型最惠国条款,将其重视的权利罗列出来,如上述中美

---

① 该条约第 6 款规定:"所有日本政府官吏、臣民及商业工艺、行船船只、陆路通商等,与中国最为优待之国,礼遇护视,一律无异。"王铁崖编:《中外旧约章汇编》(第一册),生活・读书・新知三联书店 1957 年版,第 615~616 页。

② 该条约第 12 款规定:"日后大清国若有重待外国通商等事,凡有利益之处,毋庸再议,即与俄国一律办理施行。"王铁崖编:《中外旧约章汇编》(第一册),生活・读书・新知三联书店 1957 年版,第 88 页。

③ 该条约第 3 款规定:"美国人民准在中国已开及日后所开为外国人民居住、通商各口岸或通商地方往来、居住、办理商工各业制造等事,以及他项合例事业;且在各该处已定及将来所定为外国人民居住合宜界之内,均准赁买房屋、行栈等,并租赁或永租地基,自行建造。美国人民身家、财产所享之一切利益应与现在或日后给与最优待之国之人民无异。"王铁崖编:《中外旧约章汇编》(第二册),生活・读书・新知三联书店 1959 年版,第 183 页。

条款。其二是给予新的权利,如中国与巴西《修改条约》第 1 款①之规定,在此之前,中巴并没有关于侨居的条约约定,此次则明确提出,给予双方人民这种权利,并按最惠国人民相待。再如,中奥《天津奥国租界章程合同》第 11 款②,该条文直接标明依托最惠国条款即优待之国之礼,应在其租界获得他国租界享有的一切特权,这也是中奥就租界特权新的约定。这两类有积极内容的最惠国条款对中国利权的影响,并不相同,前者细化的权利是中国已经丧失的,只是在条款中进行明确,利于引用,而后者则是新的权利让渡,其影响更甚。

▌ 三、有消极内容的最惠国条款

有消极内容的最惠国条款是与有积极内容的最惠国条款相对应的概念,凸显了西方国家对经贸待遇"无差别"的追求,其在中外条约中多集中于关税领域。如中美《通商行船续订条约》第 5 款③之规定,这类规定极多,西方列强希望在关税领域获得的就是无差别无歧视的关税税率,这看似公正,但实则是对中国主权的侵犯。一方面,关税税率的决定权本是一国主权范围内,别国无从置喙,但协定关税却使得该权利受到侵害,其影响经最惠国条款进一步扩大。另一方面,所谓关税税率无差别,是在列强强迫中国给予非常优惠的关税税率的情况下的不歧视,这实际导致了中国国内相关产业受到极大冲击,关税收入大量流失。消极的最惠国条款还在中国与一些小国的条约中反复出现,如中

---

① 该条约第 1 款规定:"两国人民皆可侨居,须由本人自愿,均照最优国相待。" 王铁崖编:《中外旧约章汇编》(第二册),生活·读书·新知三联书店 1959 年版,第 1126 页。

② 该合同第 11 款规定:"他国办理租界一事,如得有中国国家格外利益,奥国以优待之国之礼,亦宜一体均沾,以昭划一。"王铁崖编:《中外旧约章汇编》(第二册),生活·读书·新知三联书店 1959 年版,第 163 页。

③ 该条约第 5 款规定:"但订明,美国人民无论何时输纳税项,较之最优待之国之人民所输纳者,不得加重或另征。"王铁崖编:《中外旧约章汇编》(第二册),生活·读书·新知三联书店 1959 年版,第 185 页。

比《通商条约》第 7 款①。这种条款的签订属于典型的"搭便车"行为，小国并无太多的谈判筹码，只要能与中国签订最惠国条款则将获得列强的几乎全部特权。因此，这也成为小国在与中国谈判中积极追求的主要目标。

有消极内容的最惠国条款在中外条约体系中的作用与有积极内容的最惠国条款并不相同。后者罗列的实体权利是对最惠国条款的实质性填充，而前者因为其特点为"不歧视"，其表面的公平给予了后签订国更加宽松的签约环境，也使其搭便车的机会大大增加。然而，就中国而言，这导致不公平的最惠国条款带来的损害范围更加扩张。

四、片面的最惠国条款

片面的最惠国条款历来是中国近代史上被诟病最多的条款之一，其大量存在，成为近代中外条约不公正性的重要标志。就最惠国条款的本质而言，是为了更好地促进国际商品贸易流通，它应该是互惠共赢的。西方各国之间的最惠国条款除了部分特殊原因（藩属、战争、特例等），也多订立双务最惠国条款，但这一制度推行到中国则多以片面最惠国条款的面目示人。如中国历史上第一个最惠国条款——中英《五口通商附粘善后条款》中的最惠国条款就是典型的片面最惠国条款。近代中外条约中的片面最惠国条款还可以进一步细分，其一为概况的片面最惠国条款，如上述的中英最惠国条款，据统计，近代与中国订立概括型最惠国条款的国家多达 19 国，而其中有 12 个国家的最惠国条款为片面最惠国条款。其二为特定的片面最惠国条款，多涉及各国特别关注的利益，其数量众多，而只有关税、兵船、航运、公民待遇等少数领域出现过个别双务最惠国条款，涉及的国家也较少。易言之，在特定的最惠国条款层面，中国只从少数国家获得几项零散的互惠权利，其余皆为中国单方面承担义务却不享受权利的片面最惠国条款。

---

① 该条约第 7 款规定："一、中华通商港口，大比利时国设立领事等官，或一员、或数员，酌量比商情形随时定派。中国官员接待各国领事官最优之礼，亦于比国不使或异。"王铁崖编：《中外旧约章汇编》（第一册），生活·读书·新知三联书店 1957 年版，第 231 页。

　　除了上述四大类型最惠国条款,中外条约中还出现了其他一些较为少见的最惠国条款类型,也具有鲜明的特点。比如,区域性最惠国条款,这种区域性的最惠国条款的出现一般是由于该地域为某国的重要势力范围,如中国西南地区邻近的越南是法国的重要势力范围。1886年4月25日,中法签订《越南边界通商章程》第7款①是对中国西南地区税则的特别约定,虽未明言最惠国待遇,但却有和第三国看齐之意。中法《续议商务专条》第7条②更明确地将中国南境、西南境地区的最惠国待遇赋予法国。另一类区域性的最惠国条款,即为各国租界条约中的最惠国条款,如中日签订的《汉口日本专管租界条约》第11款③,从该条款可以看出,均沾的利益缘于外国租界获取的权益,而因租界本身就具有地域范围上的界限,因此该最惠国待遇有适用的范围限制。另外,还存在最惠国条款的例外,即双方约定该领域不适用最惠国条款或限制最惠国待遇的适用,如中美签订的《续约附款》第2款④对鸦片进行了特别约定,通过这一条款,中美都不能运输洋药(鸦片)到各自通商口岸,而且这一特别约定不因中美有最惠国条款而失效,这就堵住了借用最惠国条款绕过这一条特别规定的可能性,禁绝了鸦片的这种进口方式。这是针对鸦片这一危害性极大的特殊商品而作的特别约定,是对国民的一种保护,在中国与巴西订立的条约中也有类似约定,这应

---

　　①　该章程第7款规定:"以上第六、第七二款,两国议明,日后倘有他国在中国西南各陆路边界通商,另有互订税则,法国亦可一体办理。"王铁崖编:《中外旧约章汇编》(第一册),生活·读书·新知三联书店1957年版,第479页。

　　②　该专条第7条规定:"日后若中国因中国南境、西南境之事,与最优待之友国立定通商、交涉之和约、条款、章程等类,所有无论何等益处及所有通商利益,施于该友国,此等约一施行,则法国无庸再议,无不一体照办。"王铁崖编:《中外旧约章汇编》(第一册),生活·读书·新知三联书店1957年版,第516页。

　　③　该条款第11款规定:"所有外国租界及将来设有开拓之外国租界施设事宜,如别有优处,日本租界亦当一体均沾。"王铁崖编:《中外旧约章汇编》(第一册),生活·读书·新知三联书店1957年版,第790页。

　　④　该附款第2款规定:"中国与美国彼此商定,中国商民不准贩运洋药入美国通商口岸,美国商民亦不准贩运洋药入中国通商口岸,并由此口运往彼口,亦不准作一切买卖洋药之贸易。所有两国商民,无论雇佣本国船、别国船及本国船为别国商民雇佣贩运洋药者,均由各本国自行永远禁止;再此条,两国商民彼此均不得引一体均沾之条讲解。"王铁崖编:《中外旧约章汇编》(第一册),生活·读书·新知三联书店1957年版,第380页。

当属于中国在外交层面的一次不小的胜利。再比如,1947 年 4 月 18 日,中菲签订《友好条约》,中菲分别给予对方在政治、经济、文化、外交、国民待遇等方面不低于同等条件下给予任何第三国的权利与自由,即享受最惠国待遇。但该条约第 9 条①却将菲律宾给予美国的优例排除于最惠国条款涵盖的范围以外,这就使得中国的最惠国待遇受限,美国的权限优于中国。

第三节　　中国近代最惠国条款的危害

　　西方学者菲利普·约瑟夫曾撰文指出:"不过,在条约中具有最深远的后果并成为外国人在华享有一切让与权的主要根据的条款,就是最惠国条款。"②这种对最惠国条款的总结比较精确,揭示出了最惠国条款的重大影响。事实也是如此,1922 年 2 月 6 日,中、美、比、英、法、意、日、荷、葡九国签订《九国间关于中国关税税则之条约》,该条约属于多国共同协定,经过谈判,各国已同意统一税则,并在表面上尊重中国关税主权。在其他条款有条件作废(与本条约冲突)的情况下,唯一的例外就是附件第 9 条③,该条规定的正是最惠国待遇,可见最惠国条款的重要性。

　　对中外不平等条约中的最惠国条款的解读不能局限在通常意义的"片面"上,即"片面最惠国条款"这个词组中"片面"不是通常意义上的关键点,因为"片面"所引致的不公正性并不能推导出真正的危害性。

---

① 该条约第 9 条规定:"本约规定不适用于菲律宾共和国现在或将来给予美利坚合众国或其国民之优例。"王铁崖编:《中外旧约章汇编》(第三册),生活·读书·新知三联书店 1962 年版,第 1479 页。

② [英]菲利普·约瑟夫:《列强对华外交》,胡滨译,商务印书馆 1959 年版,第 8 页。

③ 该条约第 9 条规定:"凡缔约各国从前与中国所订各条约之条款与本条约各规定有抵触者,除最惠国条款外,咸以本条约各条款为准。"王铁崖编:《中外旧约章汇编》(第三册),生活·读书·新知三联书店 1962 年版,第 223 页。

片面最惠国条款赋予西方国家单方面的最惠国待遇，这诚然不公平，但这并不会对中国造成巨大的危害，毕竟当时中国的对外经济、政治、外交交流都较少，即使未在西方国家获得对等的最惠国待遇也未必会对国家利益产生重大不利影响。而实际上，片面最惠国条款确实引致了重大的危害，严重损害了中国的国家利益。这是缘于最惠国条款本身的巨大影响，即"对中国造成危害的，是最惠国条款本身，它的均沾性本质，而不是这些最惠国条款的片面性"①。因此，思考片面最惠国条款时，更应注意最惠国条款本身的重要含义，而非只关注"片面"这种较为表浅层次的不公正。

总体而言，近代中外不平等条约中的最惠国条款带来的危害与冲击主要体现在以下几个方面：

一、最惠国条款的均沾性导致西方形成"侵略联盟"

依据最惠国条款，一国获得的特权会被所有"最惠国"分享均沾，因此，其可以协调列强在华利益冲突，甚至粘连整个西方世界，从而改变列强在华各自为政、互相碾压的局面，并使列强成为利益联盟。这加大了中国应对的难度，压缩了中国外交斡旋的空间。"也就是说，从一开始它就不仅仅是两国间的事，而体现了整个西方国家的对华关系。"②列强之间会出现"利益均沾"共识主要有两个原因：一方面，对于中国市场，各国均希望在其中攫取一份利益，但鸦片战争前，缺乏相关规则制约，这就使得秩序混乱，列强之间矛盾重重。通一对此有精彩"论述"③。荷兰、葡萄牙、英国、美国等国，为了与中国的贸易权还多次发生直接冲突，1812 年美国以英国强迫其水手在海上服

---

① 王国平：《略谈晚清中外不平等条约中的最惠国待遇条款》，载《江海学刊》1997 年第 1 期。

② 李育民：《近代中外关系与政治》，中华书局 2006 年版，第 40 页。

③ 通一指出："当中西国际关系未臻正式地位之时。西方商人之在广东贸易者。不得公然经商……毫无机会均等之足言。各西商互相倾轧。情势极为恶劣。其时荷兰、葡萄牙及英吉利之商人频莅中土。与华人贸易。获资甚巨。其间嫉妒争胜之心亦特剧烈。彼等各思垄断对华贸易。而驱逐他国商人于局外。所施之排挤手段。秘密卑劣。无不用其极。"通一：《中外条约最惠国条件之研究》，载《东方杂志》1921 年第 18 卷第 22 期。

役为由对英开战,而战争的结果是英国借战争之机,将美国在华商业涤荡干净。列强对中国贸易权益的反复争夺,并未形成一家垄断之势,反而造成商业成本耗费巨大,商业规则混乱,商业利益难以得到长期保证,于是各国开始逐步寻求共同的规制与利益分享。另一方面,中国市场过于巨大,没有一个国家能单独获取需要的所有特权,这需要列强进行"合作"。尤其是最惠国条款,其涵盖利权范围广阔,且发挥效力需要依托均沾第三国已获得的特权,这就为列强所谓"合作"的开展奠定了基础。

二、最惠国条款语义模糊,易被滥用

最惠国条款语义模糊,无法明确固定其适用范围,加之西方各国本身并不愿意为其最惠国待遇设置任何限制条件,这就使得最惠国条款的适用无限扩张。中国在外交谈判上缺乏主动权的事实更是让各国得以"此所以各国利用条约上无明白规定之故,皆滥用欧洲主义之解释,享受我国漫无限制之权利也"[1]。美国信奉美洲主义,是推行有条件最惠国条款的主要代表,在与我国签订条约时居然也放弃其一贯主张而追求无条件、易于扩张解读的最惠国条款,"1903 年中美谈判"[2]即为典型实例。总体而言,数十个西方国家通过最惠国条款的模糊解读非常轻易从我国获得关税协定、领事裁判权、各种超国民待遇的特权,这些特权涉及政治、经济、文化等多个层面,深刻影响了近代中国的发展。1927 年,中国外交部曾经拟定了如何对待最惠国条款的意见稿,其详

---

① 刘彦:《被侵害之中国》,上海太平洋书店 1928 年版,第 111 页。

② "1903 年,中美进行重修商约的谈判时,清政府于'利益均沾'一款,拟索其报施一律,籍为日后弛禁华工地步。'索其报施',即订立相关条件,由于美国方面'坚执不允',清政府的这一意图完全落空。"李育民:《近代中外关系与政治》,中华书局 2006 年版,第 50 页。

细指出最惠国条款适用范围约涵盖了"十七个领域"①。而在罗列 17 个领域的同时,中国外交部还指出,领事裁判权、土地所有权、内地杂居等问题也与最惠国条款相关联,可见最惠国条款涉及范围之广,影响之深远。在给予各国最惠国待遇的背景下,各国国别性、杂糅、语焉不详的条款对照文本,更使得每一项特权的影响都容易被放大,前述中德关于居住权的争议即为实例。

三、最惠国条款改变了中国历史的进程,造成民族的灾难

　最惠国条款所引致的重要权利丧失,在事实上改变了中国历史的进程,给中国带来了无尽的灾难,这里主要是指修约与协定关税的权利。第一次鸦片战争后的中英条约并未有 12 年修约之约定,但中美《望厦条约》第 34 款②载明了修约权利。英国意图通过援引最惠国条款进行均沾,并向清政府提出全面修改《南京条约》的要求,后法、美两国也分别要求修改条约。不过,清政府表示拒绝,交涉没有结果,而这直接成为第二次鸦片战争的导火索,从而加深了中国沦为半殖民地化的程度。姑且不论第二次鸦片战争的结果导致了中国大量领土、财富、

---

　① 该意见稿载明:"查各国商约关于最惠国条款适用之范围甚广,大致如下:(一)关于外交官、领事官之待遇;(二)关于旅行居住事项;(三)关于实业与制造业事项;(四)关于职业及修学或学术上之研究事项;(五)关于取得动产及不动产事项;(六)关于租借房屋、工厂、货栈、店铺及因上载各目的赁租地亩事项;(七)关于转移或处分动产或不动产时所应纳之租税事项;(八)关于缴纳税租杂费课金事项;(九)关于出入运货事项;(十)关于禁止及限制输入输出事项;(十一)关于经营商工业人民及商业旅行人之待遇及课税事项;(十二)关于船舶之吨税、通过税、码头税、引港税、灯塔税及其他各种税捐事项;(十三)关于定期邮船之待遇事项;(十四)关于沿岸贸易和内河航行事项;(十五)关于军事征发及强募军事公债事项;(十六)关于商业、实业、银行业各公司所享之权利事项;(十七)关于遗产事项。"中国第二历史档案馆:《中华民国史档案资料汇编》(第三辑　外交),凤凰出版社 1991 年版,第 1026～1027 页。
　② 该条约第 34 条规定:"和约一经议定,两国各宜遵守,不得轻有更改;至各口情形不一,所有贸易及海面各款恐不无稍有变通之处,应俟十二年后,两国派员公平酌办。"王铁崖编:《中外旧约章汇编》(第一册),生活·读书·新知三联书店 1957 年版,第 56 页。

主权的丧失,只看中美《天津条约》第 30 款①,该条款明确将最惠国条款的适用扩展出经济的范围,进入到政治层面,从而使得最惠国的"法理基础"更加扎实,更加无所不包。毕竟已经在条文中进行了明确的约定,中方无法以无约定或约定不明拒绝最惠国条款在政治领域的适用,从此,最惠国条款真正成为西方各国侵略中国的最便捷、最有效、最强力的武器。

协定关税的权利本也只载明于中美《望厦条约》,但各国皆凭借最惠国条款均沾此条,从而使得日后历次商约谈判与修约谈判多围绕协定关税展开。如果说战争赔款使得西方掠夺了中国累积的财富,那么,协定关税权利则使得西方各国控制了中国税源,遏制了中国的发展潜力。就此,积贫积弱的中国更加无法获得足够的经济支撑,从而无力反抗西方各国的侵略。而没有了关税的保护,还会导致外国商品肆无忌惮的大量涌入,更是直接冲击了中国经济的实体。马克思对资本主义的这种破坏性有"经典描述"②。以手工纺纱业与手工织布业为例,五口开放之初,中国社会还属于自然农业与家庭手工业为主的经济自给体。而大量外国商品的输入,带来了直接的竞争,冲击了这种经济自给体,加速了中国封建经济的解体,这时它已经如马克思所言开始毁灭旧的生产方式,终结旧的平稳状态。当时上海及其附近的松江、太仓一带,为纱布的著名产区,但随着上海口岸的开放,外国棉纱棉布大量涌入,严重打击了该地的手工纺纱业与手工织布业,时人记录了该产业的

---

① 该条约第 30 款规定:"现经两国议定,嗣后大清朝有何惠政、恩典、利益施及他国或其商民,无论关涉船只海面、通商贸易、政事交往等事情,为该国并其商民从来未沾,抑为此约所无者,亦当立准大合众国官民一体均沾。"王铁崖编:《中外旧约章汇编》(第一册),生活·读书·新知三联书店 1957 年版,第 95 页。

② "资本主义生产是以生产物的售卖为主要动机,在开始的时候,似乎对于生产方式本身没有什么影响,资本主义世界贸易对于中国、印度、阿拉伯那样的国家的最初情况,就是如此。但在它立稳足跟的地方,它就会把一切以生产者自己的劳动为基础,或只把多余生产物当作商品出卖的商品生产形态,尽行破坏"。叶东:《"片面最惠国待遇"对中国近代初期的经济影响》,载《黑龙江史志》2008 年第 2 期。

"萧条与衰败"①。故而,西方国家以最惠国条款为武器,打破了中国对自己产业的关税保护,轻易占领中国的市场,从而再度搜刮中国财富,而中国的传统产业,如手工产业只能落得"纺织稀少,机轴之声几欲断矣"的地步。

四、双务最惠国条款也具有危害性

出于较为平等的交往目的,与中国签订双务最惠国条款的秘鲁、墨西哥等小国,其条文上的双务也非事实上的绝对对等。秘鲁、墨西哥都从中国获得最惠国待遇,这种最惠国待遇经过西方列强的多次扩张,涵盖了领事裁判权、关税协定权、内河航运、资源开发、财产保护、国民待遇等一系列重大权利,会对我国造成巨大损害。而这些国家在中国享有的这些特权,并不涵盖于秘鲁、墨西哥等国给予中国的最惠国待遇范围,两相比较,大相径庭,所谓我所有之最优待遇,实为最不优待遇。

从经济学的角度看,即使当时的中国在经济领域获得双务最惠国条款并在实践中得到平等执行,也非幸事。首先,西方国家作为优势国家可以凭借其强势地位获取贸易垄断地位,从而攫取远高于正常贸易所能获得的贸易红利;其次,西方国家可以通过条约的签订,掌控和改变中国的产业结构,使得中国只参与最初级的产业生产,进而加强对中国的剥削。如迫使中国生产更多的茶叶与丝织品供其盘剥或提供工业原料,而鸦片战争后,中国出口的茶叶与丝织品数量出现巨额增长即为西方此战略的明证;复次,西方国家不太需要中国的制成品,而因为价格优势,中国大量需要西方的工业制成品,因此,双务的最惠国条款对弱势国家实际效用较小;最后,西方国家可以在中国获得廉价的原料,进一步降低生产成本,提升其市场竞争力,从而能更有力压制中国的相关产业发展。

---

① "据时人记载:'近日洋布大行,价才当梭布三分之一。吾村专业纺织为业,近闻已无纱可纺;松太布市,消减大半。去年棉花客,大都折本,则木棉亦不可恃。若在照旧开折,必无瓦全之理。'……在广州附近,'1854 年后,佛山被破坏,使当地纺织业停业,故对外国棉花的需求亦为停止,转而引进英国棉纱。'"叶东:《"片面最惠国待遇"对中国近代初期的经济影响》,载《黑龙江史志》2008 年第 2 期。

第五章

现代最惠国条款的曲折演进

第一节　　　　　　贸易保护主义的阴霾　　　▶▶▶

经贸全球化的发展不断受到贸易保护主义的挑战，贸易保护主义在历史上甚至多次左右各国的贸易政策，从而严重制约了贸易自由化的发展。贸易保护主义采用的基本手段是增加关税，这也直接冲击了以降低关税为重要目的的最惠国待遇体系。事实上，当各国高举贸易保护主义大旗之时，与之相关的最惠国承诺往往就被放弃。一战爆发以来出现过两次贸易保护的高峰：一次发生在两次世界大战时期；另一次发生在20世纪70年代以来盛行的新贸易保护主义时期。

一、第一次贸易保护高峰

早在一战前，各国就爆发了多次关税战，一国增加关税，从而导致另一国同样提高关税来进行"报复"。迪特泽尔评价这段时期时说："事实上当时的各个国家是从'报复'的角度来考虑关税政策的。"①因此，从1892年到一战爆发前，世界经贸就在强化贸易保护的轨道中运行。世界大战的爆发更是斩断了世界贸易的血管，各国"以邻为壑"，通过各

---

① ［英］彼得·马赛厄斯、悉尼·波拉德主编：《剑桥欧洲经济史——工业经济：经济政策和社会政策的发展》第8卷，王宏伟等译，经济科学出版社2004年版，第64页。

种方式加大贸易保护的力度。第一次世界大战结束后,各国为增加国内财政收入,恢复本国经济,继续采取征收高额关税的贸易保护政策。世界主要贸易国之一的美国,也连续出台各种关税法,以提升关税保护的程度,其中以 1930 年的《斯穆特—霍利关税法》为甚,该法将商品税率大幅推高,关税税率高达 59％。然而,该税法的结果是灾难性的,招致了美国的主要贸易伙伴大规模的关税报复性措施。里根总统曾经在 1988 年的公开讲话中对该税法进行了严厉批评,认为其会使得所有国家都无法向美国出口商品,以至于出现各个国家之间开展贸易报复,并导致了经济危机的蔓延。1929 年大萧条以后,贸易保护主义更是成为很多国家的贸易选择。"因为许多国家力图将成本转移给其他国家而利用'损人利己'的保护政策,所以关税增加,壁垒森严。"[1]法国、意大利、印度相继提高重要商品的关税,澳大利亚则在 1929 年底提高一系列特定商品关税的基础上,于 1930 年 4 月又采取了新的关税提升措施。关税的提高与贸易保护主义的加强,延缓了经贸全球化的步伐,其虽能短期内增加一国的关税收入,但长远而言,极大地缩减了世界贸易的规模,减少了各国的经济收入。欧洲国家平均贸易收入与国民收入的比例从 1905—1924 年间的 43.7％下降到 1925—1934 年间的 35.7％,1935 年—1944 年间又下降到 26.7％。基于贸易保护主义带来的这些严重后果,各国被迫作出政策调整,开始削减关税。经努力,1933 年世界经济会议上占世界贸易总量 90％的 61 个国家达成的《关税休战协定》。不过《关税休战协定》也没能产生实际效果,事实上,世界经济会议期间,法德两国就相继提高了关税。美国也签署了农业调整法案,该法案规定可以征收同国内加工税相等的农业进口税,世界贸易秩序持续混乱。第二次世界大战期间的贸易保护水平更是高于第一次世界大战期间,世界贸易总量跌入谷底。

二、第二次贸易保护高峰

二战以后,国际贸易秩序重整,恢复迅速。然而,到了 20 世纪 70

---

① ［英］戴维·赫尔德、安东尼·麦克格鲁等:《全球大变革—全球化时代的政治、经济与文化》,杨雪冬等译,社会科学文献出版社 2001 年版,第 221 页。

年代,世界经济又面临困境,陷入"滞胀",即经济停滞与高通货膨胀率并存。这使得一些自认为经济利益受到了损害的国家再度捡起贸易保护的武器。美国的行业公会要求提高关税,并对进口商品进行配额限制,各国也作出相应"应对"①。"新贸易保护主义"②开始在全球扩张,与旧的贸易保护主义相区别,新贸易保护主义具有影响范围更加扩大、保护产业更加集中、非关税壁垒作用增长、地区性贸易壁垒代替国家间贸易壁垒等诸多特点。不过,与旧的贸易保护主义相同,新贸易保护主义的目的同样是对国家短期利益的维护,即使更多的是采用非关税壁垒,如配额制、进口许可证制度、严格的技术安全卫生检疫标准、补贴等手段,其产生的结果依然是对国际自由贸易秩序的扰乱。以农业为例,发达国家加大对本国农业保护力度,也因此造成复杂影响。一方面,在短期内增加了本国农业从业人员的收入,但却极大地刺激了农业生产,从而造成农产品的积压,进而拉低了世界市场上农产品的平均价格,损害发展中国家农产品的销售利润,给发展中国家农业生产造成损害。另一方面,为了保护本国农业,发达国家也要付出巨大成本进行"高额补贴"③。无论是发达国家还是发展中国家在这种贸易政策下都有损失,但这种有巨大缺陷的贸易保护政策却在 20 世纪七八十年代长期存在,高频次、强力度、反复地冲击着正常的自由贸易秩序。

---

① "西欧限制纺织品的进口,日本限制丝绸进口,牙买加因飞涨的石油价格导致了该国外汇储备短缺,而对包括汽车在内的许多类商品行实了严格的进口控制,欧洲共同市场对日本的工业轴承征收 20% 的附加税。"赖昭瑞:《论贸易保护主义及其对策》,载《商业经济研究》1994 年第 1 期。

② "而二战后发源于美国的新贸易保护主义,是在以 GATT/WTO 为主导的国际多边自由贸易体制不断发展、经济全球化进程不断加快的背景下,西方发达国家维持经济均势的产物,表现为产业保护,主要表现为市场的争夺和对产业的垄断。"赖静:《经济全球化下的新贸易保护主义》,西南财经大学 2009 年硕士论文。

③ "为了支持国内农产品价格,发达国家政府花费了大量的费用,仅大米一项,日本政府在 1980 年就花费了 29 亿美元。1980 年欧洲经济共同体在共同农业政策下的开支达 154 亿美元,占欧洲经济体预算开支的 70%。在 1984—1985 年,美国用在农业支持计划下的开支达 40 亿美元。"姚曾荫:《世界经济形势与新贸易保护主义》,载《国际贸易》1987 年第 2 期。

三、贸易保护时期最惠国条款体系受到冲击

"最惠国待遇原则的效果是,如果一国同另一国谈判削减关税,那么,这种削减平等地适用于它的所有其他贸易伙伴。"①这会使关税削减的范围逐渐扩大,形成水波效应,从而在全球范围内起到减轻关税、促进商品流动的效果,进而有利于全球贸易的发展。不过,这却是以短期的关税收入减少,并且国内相关产业将面临更多的竞争压力为代价。增加关税收入,降低国内相关产业面临的竞争则是贸易保护政策的重要目标,因此倡导削减关税、贸易自由的最惠国法律制度在贸易保护主义高涨的时期自然会受到"严重的冲击"②。直接放弃最惠国条款是一些国家在贸易保护时期为维护自身利益做出的极端贸易选择,而恰恰是首倡自由贸易的英法两国对最惠国条款的"背离"③最为彻底。英国率先废除了与德国、比利时的最惠国条款,而法国更是在 1918 年 12 月宣布对最惠国条款进行"全面废止"④。不过,另外一些国家对待最惠国条款的态度则值得玩味,其既不愿意完全放弃最惠国条款,又想要突破这一规则的限制。荷兰、比利时、卢森堡等邻近国家就采取了组建

---

① [英]戴维·赫尔德、安东尼·麦克格鲁等:《全球大变革——全球化时代的政治、经济与文化》,杨雪冬等译,社会科学文献出版社 2001 年版,第 217 页。

② "1879—1892 年间贸易保护的范围变动不定,此后一直增长至第一次世界大战。因此,对许多国家来说,1914 年的关税率高于 1878 年的关税率,而且随着一些国家放弃最惠国待遇原则,歧视性保护重新抬头。"[英]戴维·赫尔德、安东尼·麦克格鲁等:《全球大变革——全球化时代的政治、经济与文化》,杨雪冬等译,社会科学文献出版社 2001 年版,第 219 页。

③ "自 1898 年以来,加拿大已经在单边和非互惠的基础上向英国提供了优惠关税待遇——英国对此感到满意并废除 19 世纪 60 年代与德国和比利时签订的贸易条约,而根据这些条约,签约国有权根据最惠国待遇获得英帝国成员国向另一成员国提供的优惠关税待遇。"[英]彼得·马赛厄斯、悉尼·波拉德主编:《剑桥欧洲经济史——工业经济:经济政策和社会政策的发展》第 8 卷,王宏伟等译,经济科学出版社 2004 年版,第 147 页。

④ "本政府已废除了所有含最惠国条款的通商条约。该条款不会再出现,再也不能毒化我国的关税政策。"赵维田:《最惠国与多边贸易体制》,中国社会科学出版社 1996 年版,第 67 页。

"关税联盟"①的方式来对最惠国条款进行调整,在联盟内部执行优于最惠国待遇的特别关税优惠;帝国特惠制②则是英国对最惠国待遇的进一步调整,该制度使得英国对非英联邦国家的商品征收大量关税,而在联邦内部则施行比最惠国条款更加优惠的税收政策,这使得关税战不可避免;美国就鼓吹建立泛美国家联盟,在泛美联盟各国之间相互降低关税,以对抗英国的特惠制度。关税联盟、特惠制的出现,导致突破最惠国条款的国家数量进一步增加,且不再限于个别国家,而是达成了多国参与的多边贸易歧视政策。1922年"福特尼—麦坎伯关税法"使得美国从采用有条件的最惠国条款转为采用无条件的最惠国条款,但这种非歧视的无条件的最惠国条款也非绝对的,美国对古巴、菲律宾等国给予了更优惠的税收政策。这种在最惠国条款上设定例外条款,也类似于关税联盟、特惠制,是对最惠国条款的普遍性与公平性的破坏。

无论是荷兰、比利时、卢森堡的关税优惠,英国的特惠制还是美国的泛美国家联盟,例外条款都是反对最惠国制度的,其试图用区域性的关税联盟与关税优惠,以取代更具公平性的最惠国条款。通过这种方式,联盟国家可以获取短期利益。一方面,联盟国家并不授予联盟外国家关税优惠,从而降低了其他国家对联盟国家产业的冲击与贸易竞争,并获取高额关税。另一方面,联盟国家之间实行低关税又使得生产要素能在一定程度上流动,市场需求可获得一定满足,从而促进联盟国家经济发展。不过,这种联盟也有其不利之处:其一,区域联盟会产生对区域外国家与地区的歧视,形成不公平的国际贸易秩序;其二,其他国家也会联合起来对区域联盟进行贸易制裁,从而产生贸易摩擦与争斗;其三,区域联盟国家产品的市场会越来越倚重联盟内部的市场,长远发

---

① "面对如此形势,荷兰、比利时和卢森堡草拟了一项十年内每年相互降低关税5%的协定,从而违反了它们应承担的最惠国的义务,但保卫了它们的汇兑平价以对抗外币贬值带来的压力。"孙俊芳:《1933年世界经济会议研究》,华东师范大学2009年硕士论文。

② "英国认为可以基于'普遍承认的历史性联合'来进一步规定无条件的最惠国待遇的例外条款,这指的是帝国特惠制(Empire preference),但美国对此反对。"[英]彼得·马赛厄斯、悉尼·波拉德主编:《剑桥欧洲经济史——工业经济:经济政策和社会政策的发展》第8卷,王宏伟等译,经济科学出版社2004年版,第149～150页。

展受限。因此,区域联盟代表的地区主义、集团主义人为地割裂了全球国际贸易的一体性,形成以贸易中心国为核心的"势力集团",严重背离最惠国原则,最终会导致各个贸易集团之间贸易壁垒森严,贸易保护主义将以集团与集团的斗争面貌再次出现,从而不利于国际贸易的长远发展。

值得一提的,两次世界大战时期是贸易保护的高潮期,各国都在以各种方式对最惠国条款进行破坏与突破。然而,与之形成鲜明对比的,是第一次世界大战后的《凡尔赛和约》却要求德国在航运、税费等方面给予协约国最惠国待遇,可见最惠国待遇对经济贸易的巨大影响还是被各国所重视。然而,《凡尔赛和约》提供给德国的却非互惠的最惠国待遇,即历史上被诟病最多的片面最惠国待遇。这种条款的不公平性凸显当时战胜国对最惠国条款的运用已经违背削减关税和促进贸易发展的初衷,而是战胜国对战败国进行剥夺、惩罚的手段,这种不公平性也埋下了"二战"的导火索。

两次贸易保护高潮使得世界贸易总量萎缩,国际贸易状况低迷,各国忙于关税战、贸易战。这种大环境不利于中国进一步发展国际贸易,加之中国自身也战火连连,使得这个阶段中国最惠国条款的发展几乎陷于停滞。

第二节 GATT—WTO 时代最惠国条款的恢复与发展 ▶▶▶

"二战"临近结束时,饱受战火摧残的欧洲国家与广大发展中国家的经济形势已非常严峻,而本土远离战场的美国则借势取得经济主导权。美国迫切希望扩大出口贸易,但各国还是实行战时的外汇外贸管制与贸易保护主义,这就严重压制了美国的贸易扩张。因此,美国开始协调各国,力图建立多边自由主义的世界贸易新秩序。一方面,美国力图对全球金融领域进行改革与统一。1944 年 7 月,国际货币金融会议在布雷顿森林召开,会议最终确立了美元与黄金挂钩、国际货币基金会员国的货币与美元保持固定汇率的制度,就此建立了以美元为中心的国际货币体系,史称布雷顿森林体系。另一方面,美国试图建立以促进自由贸易为目标的国际贸易章程与组织。1947 年 11 月 21 日至 1948 年 3 月 24 日,联合国贸易与就业会议通过了《国际贸易组织宪章》(Charter for the International Trade Organization),即"哈瓦那宪章"①。有 53 个国家在会议结束时签署了哈瓦那会议最后议定书,但该宪章还需要各国有权机关批准,而美国国会最终没有批准该宪章,使得"哈瓦那宪章"最终失败。"哈瓦那宪章"虽然失败了,但它体现了"二战"后多数国家希望尽快排除战争时期产生的贸易障碍,纠正那些自 20 世纪 30 年代初遗留下来的贸易保护措施的共同愿望,这也是关税与贸易总协定能取得成果的重要基础。关税与贸易总协定也确实在处理战后的国际贸易问题方面填补了"哈瓦那宪章"留下的空白,成为多边贸易体系的中心框架。

一、GATT 时代世界最惠国条款的发展

关税及贸易总协定(General Agreement on Tariffs and Trade, GATT)是一个政府间缔结的旨在削减贸易壁垒与取消贸易歧视的多边国际协定。GATT 于 1947 年 10 月 30 日在日内瓦签订,并于 1948 年 1 月 1 日开始临时适用。虽然由于未达 GATT 规定的生效条件,关税及贸易总协定从严格意义上并未生效,但这并不妨碍其在多边贸易中发挥重要作用,缔约国可以通过《临时适用议定书》产生临时适用的法律效力。

GATT 设立后,总共进行了 8 个回合的谈判,第 1 个回合在瑞士日内瓦展开,该轮谈判涉及降低 45000 种产品的贸易关税,达成 123 项双边协议,但更重要的,其为 GATT 确定了最惠国待遇原则。最惠国待遇原则是 GATT 最重要的原则,它从正反两个方面保障了国际贸易中的不歧视。其一,各国给予他国的减让、利益、优待、特权等必须立即无条件授予其他缔约国。其二,对任何缔约国进口产品所实现的限制,

---

① "其宗旨是消除各种形式的贸易壁垒,建立国际贸易秩序,在无歧视的多边基础上促进世界贸易的扩大,促进经济发展和扩大就业,改善全球生活水平,并为上述目的进行全球合作。"张克文:《关税与贸易总协定及其最惠国待遇制度》,武汉大学出版社 1992 年版,第 8 页。

也应平等地适用于其他缔约国。

进一步讲，最惠国待遇包括但不限于：对缔约国相同产品的进出口和有关进出口所征收的税费；国际支付转账所涉及的税费；征收相关税费的方法与规则；对进口商品征收的国内税费；相关的法令条例等，可以说涉及国际贸易的诸多重要方面。同时，GATT 还在非常多的具体条文中也提到对最惠国条款的适用，比如，协定第 9 条第 1 款对"原产地标记"的规定就是非常典型的最惠国条款，而对产品的混合加工、过境自由、非关税壁垒、税费征收、进出口配额等方面也明确指出适用最惠国原则，甚至电影的放映时间，都不允许根据电影的不同来源而进行差别对待。即使有个别条款是否适用最惠国待遇原则存在争议，但最惠国条款促进平等贸易的总体目标是各国都积极追求的，因此，GATT 也数次通过对条文的修改来扩大最惠国条款的适用。比较著名的一个案例是本国出口产品征收的国内税是否和进口产品的国内税一样受最惠国条款约束，该条文较为模糊，且一直存在争议，但随后在对相关案件进行裁定时，缔约国大会主席强调："在国内税方面给予运往其他国家的产品的利益……应立即无条件地给予运往所有其他缔约国的相同产品。"① 秘书处也提出对模糊条款进行修改，建议将最惠国待遇扩展至本国出口产品的国内税方面。最终，在 1955 年 2 月 26 日的缔约国大会上该修正案通过，明确了出口产品的国内税属于最惠国条款的适用范围。通过这些条文的修改与明确，GATT 时期的最惠国条款的适用范围得到进一步扩大。而就适用对象而言，GATT 项下的最惠国待遇还扩展到非缔约国。一个缔约国与非缔约国通过双边谈判达成的利益与减让，也应适用于所有总协定缔约国的相同产品。

GATT 时期最惠国条款具有适应时代需求的诸多特点。第一，多边性。GATT 首次将最惠国条款架构在大规模多边协商的基础上。这突破了历史上最惠国条款基本只出现于双边谈判的限制，获得了更为广阔适用空间。第二，自动性。不少学者对最惠国条款的该特点给予了高度评价，认为最惠国条款的自动适用，大大减少了缔约国之间的

---

①　张克文：《关税与贸易总协定及其最惠国待遇制度》，武汉大学出版社 1992 年版，第 69 页。

磋商时长,简化程序,极大提升了最惠国条款的效能。最惠国条款的自动适用对冗长的外贸谈判实际有两个方面效能提升,一方面简化谈判程序,另一方面通过最惠国条款的自动适用,直接搭建谈判的基础框架,减少缔约方在谈判方针或原则上出现巨大分歧的可能性,有利于谈判快速进入正轨。第三,公正性。双边协议即使存在最惠国条款,也可能因为国力的差距而出现片面最惠国条款或者对最惠国条款进行的滥用,晚清与西方列强签订的最惠国条款就是这方面的例证。即使到了更近的时代,欧共体与中国进行双边谈判签订的最惠国条款也用清单严格区分了清单产品与非清单产品,对非清单产品进行进口限额限制,依然存在不公平。多边框架下的最惠国条款则可以在很大程度上避免这种歧视与不公正,因为 GATT 框架下缔约各国待遇平等,在各国之间存在较为强力的制衡与监督,不允许一国拥有优于另一国的待遇存在,因此,其公平性能得到有力保障。第四,主动性。双边协议中的最惠国待遇需要以第三国所享有的待遇为标准。而第三国的优势产业与产品可能与双边协议缔约国的产业与产品有区别,因此,如果无法通过双边协议直接在优势产业和产品获得优惠待遇,则双边协议缔约国只能被动等待有类似产品与产业的第三国获得优惠待遇,这缺乏主动性与选择权。而在多边框架下的贸易谈判采取的是回合制,全体缔约国共同在互惠互利基础上进行谈判,缔约国可以主动提出对最惠国条款的适用问题,这就使得一国的谈判的空间大大增加。因为这种大规模谈判很难针对某一国的某一项商品进行特别苛刻的关税审查,从而为出口争取有利条件,而进口产品则可以获得更多在双边谈判中难以得到的税费优惠。第五,例外性。由于 GATT 的设计初衷为一个临时性的协定,其是贸易自由主义与保护主义互相斗争妥协的产物,因此,其在设定上有很多不完善的地方。而缔约国加入 GATT 时对最惠国待遇进行了过多的保留,都使得最惠国条款在适用时存在各种例外,甚至例外中还允许例外。尽管这些例外中,有些是对发展中国家进行经济扶植,有利于国际贸易更为健康、平等、公正的发展,但更多的例外则使得最惠国条款的适用变成了"文字游戏",削弱了最惠国条款的权威性与实用性,有违其促进自由贸易的初衷。加之,GATT 法条语言自身的模糊性使得对最惠国条款的适用更加复杂化。

当然,GATT 时期的最惠国条款并非其字面意义给予缔约国最优惠的待遇,一个缔约国并不能依据该条款获取比其他缔约国更加优厚的优待、利益、减让等特权。实际上,GATT 中最惠国条款的"真实作用"①就是防止贸易歧视,给缔约国提供相同的贸易条件与机会,这与晚清时期中外最惠国条款的作用完全不同。晚清时期西方与中国签订的最惠国条款虽然也有协调帝国主义国家利益平衡的作用,但更重要的,是透过最惠国条款对中国主权进行削弱与侵蚀,从而获取更多利益与特权,这是不同时代背景下,最惠国条款的不同效用。

二、WTO 时代世界最惠国条款的发展

WTO 的目标是建立一个全球性的、稳定的、永久性的多边贸易体制,它是 GATT 的继承与发展。GATT 的最惠国待遇原则自然也成了 WTO 的基石,WTO 对最惠国待遇原则的发展起了重要促进作用。一方面,WTO 将最惠国待遇从普通的货物贸易扩张至服务贸易与知识产权领域,《服务贸易总协定》(GATS)第 2 条②、《与贸易有关的知识产权协定》(TRIPS)第 4 条③都是对最惠国待遇的规定。另一方面,最惠国待遇在 WTO 框架下,与国民待遇一起构成了不歧视原则。最惠国待遇主要针对国际贸易中关税与费用的平等对待,而国民待遇涉及的是国内税费收取与规则的制定也应对国内产品与进口产品保持一致,不能差别对待。国民待遇使得通过国内立法绕过最惠国待遇原则,从而获得优势条件的漏洞被彻底堵上,从而有利于营

---

① "总协议第 1 条第 1 款起先的真实含义和目的是阻止'特惠协定'的蔓延,防止优待某些国家而歧视其他国家的差别措施,将所有缔约国置于'平等'地位,保证贸易机会均等,在同等条件下自由竞争,推动世界生产的扩大和贸易增长。"张克文:《关税与贸易总协定及其最惠国待遇制度》,武汉大学出版社 1992 年版,第 57 页。

② GATS 第 2 条第 1 款规定:"关于本协定涵盖的任何措施,每一成员对于任何其他成员的服务和服务提供者,应立即和无条件地给予不低于其给予任何其他国家同类服务和服务提供者的待遇。"http://www.caac.gov.cn/XXGK/XXGK/DWZC/201703/t20170330_43369.html,下载日期:2024 年 4 月 5 日。

③ TRIPS 第 4 条规定:"对于知识产权保护,一成员对任何其他国家国民给予的任何利益、优惠、特权或豁免,应立即无条件地给予所有其他成员的国民。"http://ipr.mofcom.gov.cn/zhuanti/law/conventions/wto/trips.html? eqid=83563ba30000149b000000026479f4f5,下载日期:2024 年 4 月 5 日。

造更加公平合理的世界贸易秩序,也使得最惠国待遇原则能够发挥更大的效能。

WTO时代的最惠国条款具有规范化与制度化的特点。"世界贸易组织的建立,标志着世界贸易进一步规范化,世界贸易体制开始形成。"①WTO作为具有法人地位的国际组织,其在组织架构、制度规范、体系完善方面都超过GATT,这不光给予了最惠国条款更为规范的组织支撑,也使得制度化的要素更加深入最惠国条款本身。WTO框架下的最惠国条款以缔约国之间达成的关税减让表或所做的承诺为依据,而关税减让表的出现使得最惠国待遇真正由原则进化为制度。关税减让表详细罗列了减让商品品名、减让比率、减让时间表等事项,极具操作性,也使得长期以来存在的最惠国条款语意模糊、易被滥用的问题得到根本性的解决。WTO还设立了相关委员会及机构负责监督和执行有关关税减让表的承诺,在执行中若出现争端,就由这些机构根据相关争端解决机制迅速、高效地化解,这就从制度执行层面上确保了最惠国条款的有效适用。

WTO时代的最惠国条款虽然在制度化上有了巨大发展,但最惠国条款的例外依然存在。GATS规定了关于最惠国待遇的"豁免"安排,即在一定条件下允许缔约国不受最惠国待遇原则的约束,包括两种情况:一是,GATS第2条第2款规定的成员方自行列入《免除第2条义务附件》的措施。这是给缔约国预留的为保护其国内幼稚产业发展,可在一定时间内免除最惠国义务的豁免清单,但这种豁免清单有较为严格的限制,只能提出一次,且豁免的时间原则上不得超过1年,超过5年的豁免会面临服务贸易理事会的定期审查。二是,GATS第2条第3款规定的过境服务贸易。TRIPS也规定了四种最

---

① 何顺果:《全球化的历史考察》,江西人民出版社2012年版,第436页。

惠国待遇的"例外"①。不过,值得注意的,WTO 时代最惠国条款的这些明文规定的例外都有其一定的历史遗留性与合理性,WTO 高度重视例外可能造成的贸易歧视,也较好地规范了 GATT 时代存在的诸多例外中再设置例外的情况,简化了条款运用。可以说,比 GATT 时代的最惠国条款还是有了长足进步。

三、GATT—WTO 时代中国最惠国条款的发展

GATT 时期,国际贸易大环境转好,现代最惠国条款在中国也取得一定发展,其中尤为重要的,是中国与欧洲经济共同体(以下称欧共体)之间达成的最惠国条款。中国与欧共体于 1975 年建交,3 年后,双方在布鲁塞尔达成了重要的经贸合作协定——《中华人民共和国和欧洲经济共同体贸易协定》(以下称《中欧贸易协定》),协议第 2 条②对最惠国条款进行了详细的约定。根据这个约定,中欧之间的最惠国待遇主要涉及两个方面:其一是关税和捐税,包括间接税,都相互适用最惠国条款,而针对的对象也包括进口、出口、转口、过境的所有货物。其二,是通关手续、管理规章、相关程序方面的最惠国待遇。可见,该最惠

---

① TRIPS 第 2 条第 3 款规定的四项例外:"(一)自一般性的、并非专门限于知识产权保护的关于司法协助或法律实施的国际协定所派生;(二)依照《伯尔尼公约》(1971)或《罗马公约》的规定所给予,此类规定允许所给予的待遇不属国民待遇性质而属在另一国中给予待遇的性质;(三)关于本协定项下未作规定的有关表演者、录音制品制作者以及广播组织的权利;(四)自《WTO 协定》生效之前已生效的有关知识产权保护的国际协定所派生,只要此类协定向 TRIPS 理事会作出通知,并对其他成员的国民不构成任意的或不合理的歧视。"http://ipr. mofcom. gov. cn/zhuanti/law/conventions/wto/trips.html? eqid = 83563ba30000149b000000026479f4f5,下载日期:2024 年 4 月 5 日。

② 《中华人民共和国和欧洲经济共同体贸易协定》第 2 条规定:"一、缔约双方在相互贸易关系中在下列方面相互给予最惠国待遇:(一)对进口、出口、转口、过境的货物征收的关税和各种捐税以及关税和捐税的征收方式;(二)有关进出口货物的报关、过境、存仓和转船的规章、程序和手续;(三)对进出口货物或劳务直接或间接征收的内部捐税和其他捐税;(四)有关进口和出口货物许可证发给的行政手续。二、本条第一款不适用于:(一)缔约任何一方系关税同盟或自由贸易区的成员而给予有关成员国的利益;(二)缔约任何一方为方便边境贸易而给予其邻国的利益;(三)缔约任何一方为履行国际基础产品协定所产生的义务而可能采取的措施。"http://treaty.mfa. gov.cn/Treaty/web/detail1.jsp? objid=1531876527487,下载日期:2024 年 4 月 5 日。

国待遇是从关税和程序方面给予相互贸易以优例,相关条款还对最惠国待遇进行了限制,将基于关税同盟、自由贸易区、边境贸易和国际协定所给予的优惠剥离出最惠国条款涵盖的范围,这是符合国际惯例与国际条约的规定的。《中欧贸易协定》规定的最惠国条款用词准确、领域确定、没有出现近代中外最惠国条款常见的"现在或将来所给予第三国的权利"模糊字样,虽然涵盖范围广泛,但同时进行了合理的限制,能有效防止最惠国条款的滥用,从而真正发挥最惠国条款促进贸易合作的真正作用。《中欧贸易协定》第9条还约定成立"中国—共同体贸易混合委员会",从而更好地保障条款执行。1985年5月21日,中国与欧共体在布鲁塞尔签订《中华人民共和国和欧洲经济共同体贸易和经济合作协定》(以下称《中欧经贸合作协定》)从而取代了《中欧贸易协定》的适用。《中欧经贸合作协定》也奠定了中欧经贸合作的基础框架,一直沿用,有力地促进了中欧贸易发展。该协定第3条①也明确了给予双务最惠国待遇,该条款的规定与1978年的协定内容一脉相承,没有进行新的更定。

中国经过艰难谈判于2001年加入WTO,并与WTO各国互相适用最惠国条款,从而全面融入全球贸易。这种对外开放,给中国自身带来了巨大的发展。目前中国已成为世界第一大货物贸易国,世界第二大经济体,世界第一大吸引外资国,世界第二大对外投资国。中国也对世界贸易产生了巨大的拉动作用,从2013年到2021年,中国对全球经济增长的平均贡献率达到了38.6%。上述发展的重要基础是最惠国条款和其他WTO规则构成的贸易框架体系有效运行,成功破除各种贸

---

① 《中华人民共和国和欧洲经济共同体贸易和经济合作协定》第3条规定:"一、缔约双方在相互贸易关系中在下列方面相互给予最惠国待遇:(一)对进口、出口、转口、过境的货物征收的关税和各种捐款以及关税和捐款的征收方式;(二)有关进出口货物的报关、过境、存仓和转船的规章、程序和手续;(三)对进出口货物或劳务直接或间接征收的内部捐税和其他捐税;(四)有关进口和出口货物许可证发给的行政手续。二、本条第一款不适用于:(一)缔约任何一方系关税同盟或自由贸易区的成员而给予有关成员国的利益;(二)缔约任何一方为方便边境贸易而给予其邻国的利益;(三)缔约任何一方为履行国际基础产品协定所产生的义务而可能采取的措施。"http://treaty.mfa.gov.cn/web/detail1.jsp? objid = 1531876598113,下载日期:2024年4月5日。

易障碍,促进各种要素的自由流通,从而推动世界贸易的发展。就最惠国条款本身而言,WTO 时期其影响的范围也不断扩张。以中欧贸易为例,无论是 1978 年还是 1985 年的中欧贸易协定,最惠国条款覆盖的范围都只有比较笼统的货物贸易。中国加入 WTO 后,作为 WTO 协议的附件《货物贸易多边协定》项下的《1994 关税与贸易总协定》《农业协定》《纺织品与服装协定》《技术性贸易壁垒协定》等,中欧之间也将一并适用,从而细化了最惠国条款的运用。尤其是《技术性贸易壁垒协定》对最惠国条款的补充最为重要,技术性贸易壁垒的存在可以使得壁垒国可能绕开最惠国条款的限制,通过制定不公平的技术标准造成不平等的贸易地位从而破坏正常的贸易规则。《技术性贸易壁垒协定》能对这种行为进行一定的规范和限制,从而在一定程度上有利于最惠国条款正常发挥作用,其对最惠国条款的补充更多的不是从条文层面进行补充,而是给予了最惠国条款更好的适用、运行、协调环境。

第三节　普惠制与非关税壁垒对最惠国条款的突破 ▶▶▶

一、最惠国条款的重大"例外"——普惠制

GATT—WTO 时代最惠国条款设定有多种例外,但其中有一种例外尤为引人注目。1954 年讨论对 GATT 进行修正时,印度代表拉加万·皮莱(N.Raghavan Pillai)就提出最惠国条款适用时可能在发达国家和发展中国家之间造成"不平等"[①]。与会的发展中国家代表多赞同这一观点,他们认为 GATT 的基础条款——最惠国条款,强调的是

---

① 拉加万·皮莱指出:"假如所有总协定国家的经济水平相同,它们的发展和前景可能差异不大。可是,缔约国中有的工业和经济发达,有的经济落后,生活水平低下,如果将两类国家不加区别地列在同一栏内,适用于它们的共同规则将具有较大的灵活性。平等待遇只有在平等者之间才公平,弱者不可能和巨人一样挑起相同的重担。"张克文:《关税与贸易总协定及其最惠国待遇制度》,武汉大学出版社 1992 年版,第 185 页。

绝对的互惠与公平,但这实际上却导致了国际贸易中对发展中国家的歧视,理由有三点:首先,GATT 原本是美英两国策划,在讨论规则时并未考虑发展中国家利益,最惠国待遇的诸多例外,如特惠制,本身就存在不公平。其次,发展中国家经济落后,诸多产业难以和发达国家抗衡,这使得最惠国条款实际上对发展中国家存在歧视,且完全无差别的最惠国条款将国际贸易完全交给市场竞争,并不能弥补前殖民地国家的损失。最后,供应者规则的存在,进一步加深了这种不公平。供应者规则是指进口国就某一特定商品进行关税谈判时,可以只与该商品的主要供应国进行谈判,而无需与每一个该商品的供应国进行协商。发展中国家经济落后,往往无法成为某一商品的主要供应国,进口国与主要供应国达成的关税减让协议,往往并不符合发展中国家的利益,但依据最惠国条款,发展中国家依然要承担相应义务,这对发展中国家的利益造成损害。联合国秘书长劳尔·普雷维什(Raul Prebisch)对此也有"经典描述"①。

因此,发展中国家要求在与发达国家进行贸易往来时,适用优于最惠国条款的、非互惠的特别优惠制度,即普惠制②,这是弱小国家第一次主动追求"不平等",但其目标却是长远的、更加合理、更加公平的贸易秩序。1971 年 7 月 25 日,该制度由总协定缔约国大会通过决议,引入总协定。普惠制最大的特点就是发展中国家可以获得"单向的优惠待遇"③,这虽然突破了最惠国条款互惠的要求,是最惠国条款的例外,

---

① "1964 年,在第一次联合国贸易与发展会议上,秘书长劳尔·普雷维什(Raul Prebisch)说了一句名言:'不论最惠国原则在调整平等者之间的贸易关系上何等有效;但这个观念却不适合于经济实力不平等国家之间的贸易'。会议通过的'总原则'也指出:最惠国待遇'只能达到形式上的平等,而实际上却意味着歧视国际社会中的弱国'。"赵维田:《最惠国与多边贸易体制》,中国社会科学出版社 1996 年版,第 59~60 页。

② "概况地讲,普惠制是工业发达国家对发展中国家的制成品和半制成品,单方面给予普遍的、非歧视的和非互惠的关税优惠制度。"张克文:《关税与贸易总协定及其最惠国待遇制度》,武汉大学出版社 1992 年版,第 192 页。

③ "根据普惠制决议,它应该具有普遍性、非歧视性与非互惠等 3 项原则,即所有发展中国家的出口制成品和半制成品应同等地享受单方面的优惠待遇,不给发达国家以反向优惠(reverse preferences)。"张克文:《关税与贸易总协定及其最惠国待遇制度》,武汉大学出版社 1992 年版,第 192 页。

但却使得最惠国条款追求的非歧视性在实际国际贸易中得到了更好的维护。因此,不能认为普惠制是对最惠国条款的重大背离,在追求自由贸易与建立更公平合理的贸易新秩序方面,二者的目标是相一致的。不过,普惠制并不具有严格的制度体系,优惠的产品范围、受惠国、受惠条件等,都由施惠国自行决定,这就使得普惠制更像是道义上的责任,在实行中存在各种混乱,掺杂了除经济因素以外的各种政治、军事、文化要素。因为缺乏标准,很多普惠制的关税减让,都只能以进一步削减最惠国税率来予以确认与规范。比如,欧共体早在 1971 年就施行普惠制,对发展中国家 300 种工农产品在最惠国税率的基础上进行一定比例的降低。故而,普惠制的产生虽然是为了纠正双务最惠国条款在实践中导致的对发展中国家的不公平,但其在实践中也与最惠国条款有千丝万缕的联系。

二、最惠国条款的重大背离——非关税壁垒协议

　　GATT—WTO 时代为最惠国条款设立的"例外"可以使得最惠国条款绝对公平互惠的价值导向更加柔和,更能适应复杂多变的国际贸易形势,具有一定的合理性,部分"例外"如上述"普惠制"还有巨大的公平价值。不过,有一些最惠国条款的"例外"则仅仅反映了某些国家自身的国别利益,是保护主义在新的国际贸易环境中的变异体,对国际贸易自由化有重大危害,值得高度警惕。其中,影响最为深远的就是非关税壁垒协议。在 GATT 框架下的 8 次重要谈判回合①,有 6 次的谈判重心都是削减关税,仅肯尼迪回合就削减 6 万种商品关税的 35%,因此,经过多轮谈判,关税壁垒已经不是国际自由贸易的首要障碍。各国为保护自身利益转而采取 900 余种非关税壁垒,因为这些非关税壁垒采取的方式更隐蔽,且部分涉及国内立法,国际条约难以进行有效规制

---

　　①　八次回合分为:日内瓦回合、安纳西回合、托奎回合、日内瓦回合、迪龙回合、肯尼迪回合、东京回合、乌拉圭回合。

与调整。发达国家与发展中国家对非关税壁垒的态度大相径庭,两种意见①难以达成一致。于是,欧美发达国家在 GATT 框架外展开非关税壁垒谈判,达成了《进口许可证程序协定》《关于解释和适用关贸总协定第 6 条、第 16 条和第 23 条的协议》《政府采购协定》等协议,这些协议采用了有条件的最惠国待遇原则,只有协定的签字国承担了相应义务,才能享受减少或废除非关税壁垒的权益。这完全背离了关贸总协定第 1 款规定的无条件最惠国原则,和特惠制类似,协定的签约国会形成一个集团,从而歪曲整个国际贸易的规则,扰乱国际贸易秩序。为了协调这些协议与关贸总协定的兼容性,在东京回合结束之际,第 35 届缔约国年会通过一项决议②,宣称不愿签署非关税壁垒协议的关贸总协定成员国不受协议影响,但这个决议并没有具体的配套措施来保障实施,因此,该决议更像一种形式上的宣言。实际上,对协议签订国进行特别优惠是一定会对与其他关贸总协定成员国的贸易造成歧视,同时,这些协议是由欧美国家进行起草,为维护其利益而产生,即使签订这些协议也不一定有利于发展中国家的产品出口。因此,加入这些协议的发展中国家非常少,主要参与国还是西方发达国家,其在 GATT 框架外设计了自己新的小规模的贸易框架,对内施行条件限制,对外则进行贸易歧视。

美国出台的《补贴与反补贴税法典》③(以下称法典)是非关税壁垒

---

① 两种观点为:"在关于非关税壁垒的谈判中,欧洲共同体和美国主张:放弃无条件的最惠国待遇原则,实行互惠和有条件的最惠国待遇,各国均应承担减少贸易壁垒的义务,否则,任何总协定成员国都没有义务首先取消非关税壁垒。发展中国家主张,实行贸易保护最甚的工业化国家应首先承诺这种义务,并且反对互惠和有条件的最惠待遇。"张克文:《关税与贸易总协定及其最惠国待遇制度》,武汉大学出版社 1992 年版,第 264~265 页。

② "不愿签署非关税壁垒协议的总协定成员国在总协定下的权利和权益,包括由最惠国条款产生的权益,将不受这些协议的影响(第 3 款),意即不受协议的约束。"张克文:《关税与贸易总协定及其最惠国待遇制度》,武汉大学出版社 1992 年版,第 269 页。

③ "《补贴与反补贴税法典》(以下简称'反补贴法典')主要处理国际贸易领域中复杂的'补贴'问题。它的宗旨是保证补贴的使用不至于对签字国产生不利效果或损害,保证反补贴措施不至于阻碍国际贸易。"张克文:《关税与贸易总协定及其最惠国待遇制度》,武汉大学出版社 1992 年版,第 272 页。

协议的典型代表,美国在对该法典进行运用时采用了双重标准。美国1930年《关税法》第303节规定,即使补贴产品的进口商品对美国国内产业的损害尚未判明,美国也可以对外国的补贴产品自由地采取反补贴措施,比如限制进口或者征收反补贴税。该条款属于早于GATT存在的"祖父条款",因此,可以在GATT框架内适用。美国对法典的签约国放弃该"祖父条款"的适用,而适用关税与贸易总协定的规定,即在采取反补贴措施前,必须断定和证明损害存在。美国却对其他关税与贸易总协定缔约国仍然依托1930年《关税法》第303节,自由采取反补贴措施。由于法典的签字国不到30个,因此,未签字的大多数GATT缔约国无法凭借最惠国条款,获得平等的待遇。即使后续法典为了协调法典签约国与未签约国的利益冲突,对法典签约国有了特别规定,允许法典签约国对矿产品和奶制品给予出口补贴,但需以不损害其他GATT签约国的贸易为条件,如果被补贴商品对进口国确已造成损害,仍然可能被征收反补贴税。然而,该条款涉及的证明标准与执行全部由进口国决定,实际并没有减轻对法典非签约国的贸易歧视。我国享有美国给予的最惠国待遇,但我国的多个产业、多种产品也在对美国国内产业的损害尚未判明时多次被提起303调查,被限制进口,或征收高额反补贴税,从而在竞争中处于被歧视的不利地位。直至今日,非关税贸易壁垒仍然是WTO成员方规避最惠国义务的重要手段。

三、普惠制、非关税壁垒对中国最惠国条款适用的影响

1978年,经过友好协商,新西兰、澳大利亚率先给予我国普惠待遇,而世界上给予我国普惠制待遇的国家曾多达30个,该制度对我国的外贸发展起了良好的助推作用,其中最直接的利益就是关税减免。截至2003年,我国已签发普惠制产地证逾2000万份,涉及商品金额5400亿美元,按平均减免关税率8%计算,我国商品获得的直接关税优惠就超过430亿美元,这给予了我国商品更强的国际竞争力。同时,普惠制还赋予了我国重要间接利益,享受普惠制并不以中资企业为限,这就使得来我国开展业务的三资企业同样可以享受普惠制的优惠,有利于我国吸引与利用外资。另外,普惠制给予技术密集型产业的优惠力

度更大,这就有利于促进我国由劳动、资源密集型产业向知识、技术密集型产业进行转型和升级。不过,普惠制带来的利益已逐渐减少,因为该制度包含"毕业条款"①,国家或产品毕业后就无法再享受普惠制带来的优惠。比如,欧盟就把我国的油籽、油果等大宗传统出口商品,轻纺产品、化工产品、皮革和毛皮制品、塑料和橡胶制品、电子消费类产品、纸张制品等诸多产品取消优惠待遇,这就使得中国出口这些产品不再享有关税的特别优惠,这自然会对我国的相关产业与企业产生不利影响。当然,这也迫使我国对产品进行技术、科技升级,毕竟没有了普惠制的特别优惠,就只能与其他国家进行正面竞争。随着毕业产品的逐渐增多以及更多地给惠国开始取消部分中国产品的普惠待遇(2003年日本也取消了中国出口的 3 种共个 6 税号产品的普惠待遇,2015 年欧盟和土耳其也宣布取消对中国的普惠制待遇),中国产品需要更多地适应在最惠国条款框架下进行的国际竞争,而不再寄希望于普惠制带来的关税特别优惠。

我国加入 WTO 后,基于较为廉价的劳动力与较为强大的制造力,很多商品在国际市场上具有较强竞争力。此时西方却无法使用最常见的增加关税策略,以便使其在与中国商品的竞争中保持竞争力,因为最惠国条款的存在使得其无法对中国商品征收额外或更高的关税。为了绕开最惠国条款的限制,西方国家大量采用了非关税壁垒。非关税壁垒主要包括政治壁垒、技术壁垒、绿色壁垒、数量限制等形式,种类多达数百种,这些壁垒不似关税壁垒那么明显,也不明文针对某一国,还多打着环保、技术、保护本国产业的旗号,有一定的迷惑性,但却在事实上扭曲了正常的市场竞争秩序,背离了最惠国待遇设计的初衷。20 世纪

---

① 该条款为:"即发达国家单方面认为某些国家或地区根据其总的经济发展水平,其产品在国际市场竞争条件已不再需要给予普惠制待遇时,可单方面取消该国或该地区的普惠制待遇。"向灵彦:《欧盟普惠制调整对我国出口贸易的影响及对策研究》,华中农业大学 2005 年硕士论文。

90年代,经济学家萨姆·莱尔德和亚历山大·耶茨就指出其"危害性"①。中国深受其害,比如,欧盟对浙江省茶叶农残检测进行的"区别对待"②,这种标准设定没有明文违反最惠国条款的规定,却事实上给中国相关产品的出口造成了巨大困难,在没有充分的科学环保依据的情况下,单纯是为了打压中国产品的出口而制定该标准,不具有合理合法性。再比如,欧盟对中国打火机实施CR法规案件③,欧盟的规定看似出于对儿童的保护,但其却未要求所有打火机都安装安全装置,该规定只是针对中国出口量巨大的2欧元以下的打火机。其意图通过要求中国打火机加装安全装置,提升中国打火机的成本、售价,从而达到削减中国产品竞争力的目的。

非关税壁垒的出现,实际是西方国家采用多种手段对中国商品实行差别对待,从而违背了最惠国条款的规定,其中的一些壁垒如反倾销、反补贴税的征收以及技术壁垒等甚至成为干扰我国正常国际贸易的主要手段。因此,应高度重视限制这些壁垒的影响与适用,以使我国能在更加公平合理的条件下参与国际竞争。

---

①　萨姆·莱尔德和亚历山大·耶茨指出:"虽然关税在持续减少,但是人们越来越担心,通过非关税壁垒进行保护的做法正在日益增加其重要性。除了非关税壁垒出现的数目不断增加外,这些壁垒正在变化中的性质已引起人们的担心非歧视性的贸易政策正在被双边或其他歧视性安排所代替。许多根据经验提出的研究报告用具体材料证明,非关税壁垒使发达国家和发展中国家在贸易、就业和福利方面都付出了重大代价。"Mattias Ganslandt, James R, Markusen.Standards and Related Regulations in International Trad.NBER Working Papers W8246,June 2001,534-536.

②　"在欧盟对浙江省茶叶实施的农残检测中,对同一类农药甲氰菊酯和溴氰菊酯的检测指标却相差250倍,仅仅因为前者是中国等生产的,后者是欧盟自己生产的,这显然是违背了公平贸易原则,完全是以'技术标准'为名,行贸易保护之实的歧视性非关税壁垒措施。"王轶南:《多边贸易体制下中国应对非关税壁垒问题研究》,东北林业大学2007年博士论文。

③　该案中:"欧盟指出:销往欧洲离岸价低于2欧元的打火机,必须加装一个5周岁以下儿童难以开启的安全装置,而2欧元以上的不受限制。CR法规把价格作为产品的安全标准而加以限制,显然违反了自由贸易的原则,是一种价格歧视。"王轶南:《多边贸易体制下中国应对非关税壁垒问题研究》,东北林业大学2007年博士论文。

第四节　　TPP 协议与最惠国条款的未来　▶▶▶

2005 年 7 月,新加坡、智利、新西兰等国签订了《跨太平洋战略经济伙伴关系协议》,即跨太平洋伙伴关系协定(Trans-Pacific Partnership Agreement,TPP)的前身。2009 年 11 月,美国开始主导 TPP 谈判。TPP 试图突破传统的自由贸易协定(Free Trade Agreement,FTA)模式,达成包含知识产权、劳工、环境、临时入境、国有企业、政府采购、金融、监管一致性、透明度和反腐败等在内的综合性自由贸易协定,是进一步加强区域内自由贸易广度与深度的新一轮尝试,也是奥巴马政府"重返亚洲"战略的重要布局。不过,2017 年 1 月 23 日,时任美国总统特朗普签署命令退出 TPP,并同时宣布多边贸易协定时代已经终结,其将致力于与美国盟友和其他国家发展双边贸易关系。

美国两任总统对待 TPP 的态度完全不同,但这只属于政治理念的不同,一个要"重返亚洲",一个要"美国优先"。深入剖析,却能发现二者在贸易政策领域遵循着同样的思路,那就是反对现有贸易秩序,试图通过区域经济联盟谋求更强区域影响力。TPP 若不改革,其本身在一定层面并不能成为自由贸易的代表,一方面,它只是区域内的协定,类似于历史上的特惠制,对协议以外的国家会造成贸易歧视。另一方面,TPP 中的一些条款会限制公开竞争,阻碍自由贸易,涉及利益集团的博弈,诺贝尔经济学奖得主约瑟夫·斯蒂格利茨直言 TPP 是代表了每个国家最强大的商业游说集团,来管理各成员国间的贸易投资关系。

奥巴马政府在 WTO 框架外力推区域性的 TPP 谈判,体现了其对现有 WTO 框架下的贸易制度的不满,希望通过区域谈判掌控规则制定权,从而弱化以最惠国条款为基石的 WTO 的影响力,并限制中国。特朗普政府更是高举"美国优先"旗帜,试图让美国的政治、经济、社会内卷化。在特朗普的支持者中有很多白人工人,他们认为全球化的前几十年,美国通过自由贸易获得了廉价的原料、广阔的市场,受益颇多,但近几十年,最惠国待遇实际上更有利于诸如中国等国家,因此美国更多的是见证其他国家的经济奇迹,而自身则面临移民、工作岗位流失、产品竞争力下降等诸多问题。其中,财政收入的减少和社会福利开支的增加,更使得白人工人群体获得的社会福利降低,因此,他们极为支持特朗普的"美国优先"政策。为了回馈这些选民,特朗普政府退出TPP,不受多边贸易协定的限制,而将精力放在北美自由贸易协定的谈判中,力图在另一个区域性贸易协定中重新制定规则,维护美国自身利益。

最近一轮全球化在冷战结束后全面提速,已经历经数十年之久,在现有机制下,自由贸易带来的资源优化配置红利已被瓜分殆尽,各国继续推动全球化的动力减弱。英国脱欧,美国退出 TPP,保护主义抬头等显示了全球范围内反全球化的浪潮渐涨。但这是否意味着自由贸易的终结?卡尔·波兰尼(Karl Polanyi)在他的著作《大转型》中提出资本主义的经济市场运转是一个钟摆运动模式,在两极之间来回摆动。杰奥瓦尼·阿瑞基(Giovanni Arrighi)认为国际秩序具有重要的周期性特征,伴随着生产与贸易的扩张,流动资本会越来越稀缺,导致各国金融和财政的扩张,而这就预示着危机的来临。这种周期性的观点也在贸易史的研究中得到证实。自由主义与保护主义的历史告诉我们,在贸易自由主义不断发展的过程中,总会间或性地出现贸易保护主义的回潮。而每一次保护主义的回潮,短期内会有利于贸易保护国的经济发展,但最终都会成为生产力的桎梏,而这就预示着贸易自由将以一种更为深刻、更为广泛的方式回归。

最惠国条款作为国际贸易的基础性条款,其内含了追求平等、公正、自由贸易秩序的价值导向,并具有反歧视、反限制、优化资源配置的工具价值,这是人类社会发展所必不可少的。因此,最惠国条款不会因为中美达成给予中国永久性正常贸易关系地位而停止发展,也不会因为贸易保护主义回潮而彻底失效,其只会在发展中更加深化、丰富、合理化,并更加活跃地出现于未来的世界贸易体系之中。

第六章　▪▪▪▪▪

从中美最惠国待遇谈判看中国现代最惠国条款

1986 年 7 月 9 日,中国对外经济贸易部发言人宣布:"我国将在近期内提出申请恢复我在关贸总协定的缔约国地位。"①同年 7 月 11 日,中国正式向关贸总协定总干事邓克尔提交恢复我国在关贸总协定中的缔约国身份的申请照会。至此,中国开始了长达十五年之久的"复关入世"漫漫征程。

根据关贸协定的议事规则,一个国家申请加入,经理事会审议通过,就需要设立一个专门工作组,专门处理该申请国的相关事宜。中国工作组于 1987 年 3 月成立,复关谈判进入实质阶段。不过,直到 GATT 被 WTO 所取代,中国也未如愿加入该组织。1995 年 6 月 22 日,中国向世界贸易组织总干事鲁杰罗提交申请照会,申请获得世界贸易组织成员资格。2001 年 12 月 11 日中国正式成为 WTO 成员。中国加入世贸组织过程复杂,涉及很多重要议题,包括中国是否以发展中国家身份加入、对美服务贸易谈判、中国是否是市场经济、祖父条款的适用等问题。其中最为重要、谈判过程最曲折、博弈时间最长的议题则是中美之间的最惠国待遇谈判,该谈判过程涵盖了美国国会对对华最惠待遇的年度审议以及最终给予中国"永久性正常贸易关系"的整个历程,正是该谈判的成功才使得 WTO 真正向中国敞开怀抱,也为今天中国的经济奇迹打下了良好的基础。

---

① 张克文:《关税与贸易总协定及其最惠国待遇制度》,武汉大学出版社 1992 年版,第 303 页。

第一节　　中美最惠国待遇谈判四大阶段 ▶▶▶

　　中美最惠国待遇谈判曲折漫长,根据谈判的进程大体可以分为四个阶段:

一、初始阶段

　　"1979 年中美双边贸易关系协定明文规定了互惠的最惠国待遇,但是却单方面受到了美国《1974 年贸易法》第 402 节,即'杰克逊—瓦尼克修正案'的限制。"①该法案要求总统每年审议一次中国的移民政策,再由国会决定是否继续给予中国最惠国待遇。当中国启动复关入世进程后,当时存在两种可能性:一是每年一审的最惠国待遇"审查"制度与 WTO 规定的无条件最惠国条款相抵触,美国可以修改"杰克逊—瓦尼克修正案",直接给予中国无条件的最惠国待遇;二是援引总协定第 35 条第 1 款②的规定,从而选择与中国互不适用 GATT 协议及后来的 WTO 协议。这种选择有过"先例"③,而这种选择方式对中国非常不利,由此中国将无法获得最惠国待遇,但对美国自身也有影响,因此,中美最惠国待遇谈判一开始就充满变数。

二、冲突阶段

　　1989 年 5 月,美方代表团团长纽柯克表示中美互不适用关贸总协定不符合双方的利益,拟建议老布什政府向国会提交议案,给予中国无

---

　　①　王毅:《世纪谈判——在复关/入世谈判的日子里》,中共中央党校出版社 2007 年版,第 196 页。

　　②　总协定第 35 条第 1 款规定:"凡属下列情况,在任何一缔约方与任何另一缔约方之间不适用本协定或不适用本协定第 2 条……(b)该两缔约方的任一方在另一方成为缔约方时,不同意作此适用。"赵维田:《最惠国与多边贸易体制》,中国社会科学出版社 1996 年版,第 299 页。

　　③　"在中国之前加入关贸总协定的波兰、罗马尼亚、匈牙利等东欧国家,都被美国以国内立法障碍为由,援引总协定第三十五条宣布互不适用。"王毅:《世纪谈判——在复关/入世谈判的日子里》,中共中央党校出版社 2007 年版,第 197 页。

条件的最惠国待遇。但到了 6 月,国际政治局势突变,美国开始对中国施行一系列制裁政策。实际上,从 1979 年 10 月 23 日《中美贸易关系协定》被美国国会通过,中国获得最惠国待遇以来,虽然每年都需要国会进行审议,但中国的最惠国待遇一直都能顺利展期,包括 1991 年 6 月 19 日,美国副国务卿伊格尔伯格在美国参议院财政委员会关于中国最惠国待遇的听证会上也做出支持给予中国最惠国待遇的"表态"①。不过,实际从 1989 年开始,每年的最惠国待遇审议都会成为国会的大辩论,美国国会议员中的贸易保护主义者多次提交取消或有条件延长中国最惠国待遇的议案。如老布什政府时期,参议员莫伊尼汉的议案将中国最惠国待遇与人权问题挂钩,众议员弗兰克的议案将之与劳工标准问题挂钩,还有与西藏问题、妇女儿童保护挂钩的议案。虽然老布什总统认定挂钩将严重损害美国利益,从而对这些议题进行否定,但在参议院,总统的否定只以 7 票优势未被推翻,可见,美国朝野对此争论巨大。在既有的最惠国待遇都可能被取消的情况下,美方代表团团长纽柯克明确表示目前无法给予中国无条件最惠国待遇,甚至可能与中国互不适用关贸总协定。中国被迫调整谈判政策,搁置与美国争议,转而与欧共体等其他缔约方进行谈判,在与欧共体磋商时提供的议定书草案中也明确指出缔约方应根据关贸总协定第一条给予中国无条件最惠国待遇。

三、挂脱钩阶段

党派斗争的加入,更加激化了是否给予中国最惠国待遇这个议题的争议度。美国民主党候选人克林顿在竞选时,攻击老布什政府在对华政策上过于迁就中国,信誓旦旦地向选民表示,一旦自己当选执政,将把对华最惠国待遇与人权和军售等问题相挂钩,他的外交政

---

① 伊格尔伯格认为:"它(最惠国待遇)是世界贸易的一个正常基础,目前美国没有给予这种地位的国家不到 12 个。即使与我们有着深刻分歧的和我们对其进行广泛贸易制裁的许多国家——如伊朗、伊拉克、利比亚和南非等——都依然保持着最惠国贸易地位。而且,事实上所有西方民主国家都给予了中国最惠国待遇。从来没有任何国家出于双边政治分歧的理由而建议取消它。"武桂馥:《最惠国待遇与中美关系》,中共中央党校出版社 1992 年版,第 35~36 页。

策将强调人权和经济竞争力。"克林顿在 1993 年 5 月 28 日签发行政令,称只有中国在人权方面取得了'全面重大进展',美国在 1994 年才能延续对华最惠国待遇。"①以此为标志,人权问题与最惠国待遇相挂钩。不过,中美紧密的政经往来使得这种挂钩政策举步维艰。最终,克林顿政府决定继续延长中国的最惠国待遇,并且明确宣布"将最惠国待遇与中国改善在美国政府关注的诸多其他领域的表现相脱钩"②。

四、冲刺阶段

1996 年 9 月 10 日,美国参议院通过了罗斯和莫伊尼汉议员提出的议案,以"正常贸易关系"(Normal Trade Relations,NTR)代替"最惠国"(Most—Favoured—Nation,MFN)。1998 年 7 月 22 日,克林顿总统签署的一项税制改革法案正式使用 NTR 替代 MFN,从而将 WTO 协议中的无条件最惠国条款改称"永久性正常贸易关系"(Permanent Normal Trade Relations,PNTR)。不过,无论最惠国待遇的名称如何修改,其实质并没有变动,依然是以减少贸易保护、建立平等自由贸易秩序为主要目的。1999 年 11 月 15 日,中美就中国加入 WTO 达成双边协议。在这个协议中,中美互相适用最惠国条款,但美国希望在双边协议适用的最惠国条款不引入 WTO 的多边贸易体制,即在 WTO 的框架下中美互不适用最惠国条款。对此,中国据理力争,迫使美国考虑修改国内立法,给予中国 PNTR 地位。2000 年 5 月 24 日,美国众议院在长达 7 个多小时的辩论后对是否给予中国永久性正常贸易关系的议案进行投票,最终以 237 票对 197 的表决结果通过该议案。2000 年 9 月 19 日,美国参议院以 83 票对 15 票的结果也通过该议案。根据该议案,美国将停止按《1974 年贸易法》对中国进行一年一度的最惠国待遇的审议,直接给予中国永久性的最惠国待遇,即与中国实现永久性正常贸易关系。2000 年 10 月 10 日,美国总统克林顿签署对华永久性正常

---

① 王毅:《世纪谈判——在复关/入世谈判的日子里》,中共中央党校出版社 2007 年版,第 201 页。

② 王毅:《世纪谈判——在复关/入世谈判的日子里》,中共中央党校出版社 2007 年版,第 203 页。

贸易关系法案。至此,中美两个世界最大经济体正式建立了稳定的正常贸易关系,预示着国际贸易新局面的到来。

美国各大利益集团在中美最惠国待遇谈判中的争斗

在中国不断释放善意、最惠国待遇对中美具有双赢效果的背景下,中美最惠国待遇谈判依然旷日持久,最重要的原因就是美国政治势力的碎片化,各大利益集团在其中不断发生联合、冲突、妥协。实际上,利益集团的斗争是美国政治的核心。这种斗争对政府决策具有重要影响,利益集团之间的碰撞、斗争、协调,最终就会演变为公开的政府政策。不同的利益集团主要通过设立政治行动委员会、基金会等组织,向政治人物捐款,从而达成有利于自身利益的政策倾向。比如,美国长期保护劳动密集型的纺织产业,多次对中国提出反倾销和反补贴诉讼,除了本国就业的压力外,纺织产业的劳工集团形成的巨大利益集团的游说也是其中的重要原因。而中美永久性最惠国待遇谈判,对中美甚至全球产业发展具有重要影响,自然也会触动不同利益集团的利益,从而使得反对派与赞成派形成鲜明的阵营划分,而不同阵营的观点与论证则为我们从不同角度剖析中美最惠国待遇谈判提供了切入点。

一、支持给予中国最惠国待遇阵营的构成与观点

支持给予中国最惠国待遇的阵营较为分散,也不完全固定,一般以工业制造商集团、农业出口集团、零售商集团、进口商集团、各大商会以及和对外贸易密切相关的集团为主。这些集团虽有着不同的利益诉求,但在给予中国最惠国待遇这一点上达成了一致,其中,农业出口集团的力量最为强大。1991 年,参议院审议对华最惠国待遇,出现极为胶着的局面,而来自农业州的 7 名民主党参议员全体支持来自共和党的总统老布什,从而在延长对华最惠国待遇的决定中发挥了极为关键的作用。这些利益集团除了直接游说国会议员支持对华最惠国待遇,

还会通过设立联合机构,形成有利的舆论导向,以直接向总统递交公开信等方式施加影响。其中,有一种方式尤为有效,就是动员基层选民对民意代表施加压力。基层选民决定着选票,而基层选民又是受最惠国条款影响最大的普通消费者,这就使得其诉求尤为强烈。这种诉求经过现代化的传播手段迅速扩散,从而迫使民意代表必须对基层选民的要求做出合理的反应。美国商会就曾在1994年要求各地分会动员基层力量向国会议员施加压力,以支持给予中国最惠国待遇的诉求。

支持给予对华最惠国待遇利益集团的主要观点有三个:一是经济利益。拒绝给予中国最惠国待遇会导致美国自身遭受巨大的经济损失是支持集团最重要的观点。美国贸易代表办公室向国会提供的"材料"①指出:取消对华最惠国待遇,会增加进口中国商品的关税,导致在中国投资建厂而商品返销美国的美国工厂损失惨重;由于中国制造在美国有大量的市场,因此美国消费者也会被波及;美国对华出口具有竞争力的行业与公司将丧失其中国市场;等等。另外,美国对华最惠国待遇的年度审议结果的不确定性使得美国工商业在中国的投资倾向于短期化、小规模化、低技术化,而竞争对手则趁机扩大对华投资,抢占市场份额。二是政治合作。中国是联合国安理会常任理事国之一,在全球尤其是东亚地区有着举足轻重的作用。经济层面给予中国最惠国待遇,可以使得中美在政治层面的合作加深,在诸如朝核问题、反恐问题、维和行动等美国关心的重点问题上获得中国的支持。而这些收益超越了经济利益范畴,以经济利益拉动政治利益,符合美国的国家整体利益。三是向中国输出美式价值观。美国自认其政治文化蕴含自由、民主、人权等多元价值,也试图向全球输出这些价值理念。美国认为,贸易自由化带来了经济交往与活力的同时,也促进了中西文化的交流,使得美国的文化价值观念可以渗透和传播到东方中国,中国不能只开放贸易而不受西方价值观念影响。因此,在与中国的经济交往中,美国不断在其中掺杂提升市场开放度,改善中国人权水平等所谓自由化与民

---

① "美国贸易代表办公室向国会提供的材料概括了支持对华最惠国待遇的工商利益集团对美国经济可能遭受损失的估计,具有较强的代表意义。"王勇:《最惠国待遇的回合——1989—1997年美国对华贸易政策》,中央编译出版社1998年版,第57页。

主化观念,试图影响中国的内政外交。

我们应该看到,上述利益集团支持给予中国最惠国待遇,并不是出于对中国的善意或者对中国进行无保留的支持,其出发点依然是自身利益。而且这些利益集团显示出明显的两面性,一方面,这些集团支持给予中国最惠国待遇,维护中美经济交往的大局。另一方面,它们却支持对中国"复关入世"进行严格审查,在服务贸易、知识产权、市场份额等方面对中国采取强硬甚至敌对态势。利益集团提出这些建议既可以弱化"亲中"印象,又可以在谈判中获取新的筹码。比如,美国商会、美国对外贸易委员会等组织支持给予中国最惠国待遇,但其曾联合施压克林顿政府,要求政府在中国"复关入世"的问题上坚持强硬政策,并提出应加强以其他方式限制中国。再比如,支持给予中国最惠国待遇的美中贸易全国委员会建议强化对《1974 年贸易法》"301 条款"[1]的适用,而"301 条款"规定美国任何个人或公司均有权要求美国贸易当局采取"301 条款"行动。这就将企业或者其背后的利益集团直接引入到美国对外贸易调查与谈判中,从而使得利益集团能利用该外贸谈判迫使国外对手让步,获得更优越的贸易机会和条件。可见,这些利益集团的动机与行为具有高度复杂性与利益导向性。

▎二、反对给予中国最惠国待遇阵营的构成与观点

反对给予中国最惠国待遇的利益集团有比较固定的"组合"[2],主要的变量在于政治反对派也会不时加入该阵营,以对执政党政策进行攻讦。其中:以劳改研究基金会、国际人权法组织、中国信息中心等为代表的美国人权组织宣称高度关注所谓中国境内的人权情况,并以阻扰给予中国最惠国待遇为武器,对中国的人权状况横加指责;以劳联——

---

[1] "301 条款"是美国《1974 年贸易法》第 301 条的俗称,301 条款是美国贸易法中有关对外国立法或行政上违反协定、损害美国利益的行为采取单边行动的立法授权条款。包含一般 301 条款、特别 301 条款(关于知识产权)、超级 301 条款(关于贸易自由化)和具体配套措施以及 306 条款监督制度。

[2] "在中国最惠国待遇问题上,美国人权组织、劳工组织、政治保守主义势力以及它们在国会中的代表人物,结成了反对无条件延长中国最惠国待遇的联盟。"王勇:《最惠国待遇的回合——1989—1997 年美国对华贸易政策》,中央编译出版社 1998 年版,第 103 页。

产联为代表的美国劳工组织代表的是美国劳动密集型产业的利益,如纺织、石油、冶金等行业,其产品在与中国的竞争中完全处于下风,这就使得其只能反对给予中国最惠国待遇,从而依靠进口关税提高中国产品的价格,并减少中国产品的配额,以保护自己产品的竞争力;以纳税人反对救助共产主义联盟、基督教联盟、自由之家等为代表的政治保守主义势力则因为其保守的政治和宗教立场,反对与中国开展进一步的接触与合作,自然也不认可中美互惠的最惠国条款。三大势力从经济、政治、宗教、意识形态等各个方面出发,得出不应给予中国最惠国待遇的共识,从而勾结在一起,试图改变美国政府在这一问题上的基本立场。

　　中国向美国出口劳改产品的问题,因其关涉政治、经济、意识形态等多个层面,成为三大势力兴趣的交叉点,也成为这些利益集团在国会的代理人密集提交议案的重要主题。以典型的赫尔姆斯—吉尔曼法案为例。该法案于1991年由参议员本杰明·赫尔姆斯和众议员本杰明·吉尔曼提出,法案包含了两部分主文条款以及专门针对中国的附加法条。主文条款为修改《1930年关税法案》的第307节,全面禁止美国公民投资国外劳改设施,而认为自己利益因进口劳改产品受到损失的美国公司还可以起诉进口者,要求3倍损失额的赔偿。附加法条则是典型的非关税壁垒,要求从中国进口产品的公司必须持有这些产品非劳改产品的证明文件,而要获取这些文件又有极为复杂烦琐的程序。一旦被证明进口产品属于中国劳改产品,则进口商会被课以"高额罚金"①。该法案完全是贸易保护主义的产物,以抵制劳改产品为幌子,限制中国商品的进口,保护本地生产者。虽然这些反对给予中国最惠国待遇利益集团的活动在一定程度上影响了美国国内舆论走向,但国际局势多极化与经济贸易自由化的浪潮不可阻挡,中美之间巨大的合作利益,使得这些利益集团敌视中国的行为无法成为美国主流政治风向,而给予中国最惠国待遇的政策也在风浪中保持了基本的连续性。

　　从1979年《中美贸易关系协定》确立了需要被国会年度审议的中

---

① 初犯处以1万美元罚金,再犯处以10万美元罚金,最高处以100万美元罚金。

美互惠的最惠国待遇制度开始,直到 2000 年美国总统克林顿签署了对华永久性正常贸易关系法案,这期间历届美国政府中,老布什政府与克林顿政府对中美最惠国待遇谈判影响最为巨大。老布什政府时期,对中国的最惠待遇年度审查才真正成为美国国会的一个重要争议论题,而克林顿政府时期前后变化巨大的政策也深刻影响中美最惠国待遇谈判。

第三节　老布什政府时期关于对华最惠国条款的博弈

老布什政府时期,美国国内舆论对中国抱有较大的敌视心理,老布什政府也对中国采取了一系列制裁措施。但在基本面上,老布什政府还是从实际出发,认为保证中美经贸关系以及战略关系的稳定是美国的重大利益。因此,其包括继续与中国进行复关谈判、延长给予中国最惠国待遇等在内的经贸政策皆保持了延续性。美国国会则对此有分歧意见,尤其是老布什总统 1989 年对中国"秘密外交"①曝光后,国会对总统的各种决定多持不信任态势,这就更使得每年国会对是否延长对华最惠国待遇的审议成为一场激烈的政治风暴。

1990 年 5 月 24 日,美国总统老布什宣布将对华最惠国待遇延长 1年。这在国会引发了较为强烈的反弹,出现了《皮斯法案》《小贸易法案》《1990 年支持中国民主与人权法》《所罗门决议案》等一系列企图给对华最惠国待遇设置前提条件,甚至取消对华最惠国待遇的议案。以《皮斯法案》为例,该法案为对华最惠国待遇设立前提,要求中国须在民主和人权方面取得"实质性、看得见"的进步,在后续讨论中,共和党议员米勒为该法案提出了更为苛刻的修正案。在国会对这些议案进行审

---

①　老布什政府的秘密外交是指 1989 年 7 月和 12 月,老布什总统曾先后两次派国家安全顾问斯考克罗夫特和副国务卿伊格尔伯格为特使,秘密前往中国,以保持两国对话渠道的畅通。

议之时,波斯湾危机正浓,因为需要中国在联合国决议方面的支持,这就使得经济层面给予中国最惠国待遇具有战略必要性,加之中国也发表关税报复声明,增加在美采购等积极措施,努力维护中国在美贸易地位,使得这些议案最终未能影响中美经贸大局。值得注意的是,即使在美国亟需中国在波斯湾危机的应对上给予支持的背景下,《皮斯法案》及其修正案当年在众议院也是高票通过,只是由于参议院审议的法定日期已过,才使得该法案未产生实质效果,可见反对给予中国最惠国待遇的势力还是非常强大的。而随着波斯湾危机的解决,是否继续给予中国最惠国待遇的争议更加白热化。

1991年,美国对华外交采取"建设性接触"战略,该战略的核心是维护中美互惠的最惠国待遇框架,但在国会关注的人权、核不扩散、劳改产品等方面对中国采取强硬立场,这一战略的目标在于维护中美贸易伙伴关系,同时又能满足国会反对派的部分诉求。国会中反对给予中国最惠国待遇的议员对此仍然不满意,参议员莫尼汉率先提出取消对华最惠国待遇的议案。民主党佩罗西、米歇尔等则提议给予中国有条件的最惠国待遇,并罗列条件清单,该条件清单在国会内又引发了一系列争论,对于哪些内容应罗列入清单,民主党内部也未达成共识。佩罗西和米歇尔分属众参两院,两院同时出现要求给予中国的最惠国待遇设置障碍的议案,使得最终否决延长给予中国无条件的最惠国待遇成为可能,中美贸易的基础框架岌岌可危。此时,以鲍斯卡为首的参议院中间派出现,他们支持老布什政府给予中国无条件的最惠国待遇,以防止参议院以绝对多数通过有条件的最惠国待遇法案,但要求总统在解决贸易壁垒、劳改产品出口、人权问题、武器扩散等方面对中国采取强硬措施作为交换条件。鲍斯卡等人提出的交换条件完全契合老布什政府对中国的"建设性接触"战略。事实证明,正是鲍斯卡为首的参议院中间派的存在,成为"关键少数",也决定了当年对华最惠国待遇审议的结果。意图给予中国有条件的最惠国待遇的《皮斯—佩罗西—索拉兹法案》在众议院以绝对多数通过,而《米歇尔法案》在参议院以简单多数通过,但未达到推翻总统否决的2/3绝对多数票。1991年度对华最惠国待遇的争议一直延续到 1992 年年初才见"分晓"①,反对派只以 8 票的微弱劣势落败,而所差的这 8 票正是因为以鲍斯卡为首的参议院中间派反对反对派的提案。1992 年 3 月 2 日,老布什总统正式使用否决权,否决了《1991 年美中法案》,在总统已行使否决权的情况下,参议院依然进行了一次投票,希望推翻总统的否决,这次反对派只差 7 票,依然是中间派发挥了最重要的作用,中美稳定的经贸关系得以延续。

1992 年是总统选举年,这就使得对华最惠国待遇争议成为两党竞选过程中的武器。《1992 年竞选纲领》和《1992 年美中法案》都显示出其利用中国议题,打击共和党政府的意图。佩罗西提出"有限制裁"理论,试图将最惠国待遇从一个粗钝的工具,打造成一个能精确命中美国关心的各个领域的精细工具。这里的"工具论"直接显现出中美最惠国待遇谈判早已超越经济范畴,而成为涉及政治、经济、文化等层面的复合议题,这大大增加了谈判的难度以及利益博弈的复杂度。《1992 年美中法案》的核心依然是附条件的最惠国待遇,但不像 1991 年的议案,其对附加条件的对象进行缩减,不再针对全部中国商品,而是只涉及中国国营企业的出口产品。这就维护了美国在华企业的重大利益,而这也使得其在参众两院获得了大量的支持,1992 年 7 月 21 日,众议院以 339 票对 62 票的结果通过该法案,同年 9 月 14 日,参议院也通过该法案。老布什总统再次使用否决权,否决了《1992 年美中法案》,而随后参众两院的投票也没能改动该结果,《1992 年美中法案》就此被否决。这个结果,除了是美国内部各派斗争、斡旋、妥协的结果,同样也得益于中国的积极应对。一方面,在不损害国家主权的情况下,中国进一步完善国内法律,优化市场环境,对"建设性接触"战略关注的市场准入以及劳改产品等问题采用更加积极灵活的态度,以促成双方共赢。另一方面,公布美国在华投资的积极信息与政策,吸引美国公司投资,并加大采购力度,比如中国与美国麦道公司签订的购买 40 架飞机的巨型合同

---

① "1992 年 2 月 25 日,参议院以 59 票对 39 票通过 1991 年 11 月 26 日两院联席会议统一立法案文本《1991 年美中法案》,支持对中国最惠国待遇附加条件,但没有达到推翻布什总统否决票的 2/3 绝对多数票(67 票)。"王勇:《最惠国待遇的回合——1989—1997 年美国对华贸易政策》,中央编译出版社 1998 年版,第 201~202 页。

就是在这一时段签订的,帮助麦道公司脱离困境,提升了股价,以典型事实证明中美的外贸合作,互利互惠。

最终,在老布什总统的任期内,在总统与国会分由两党控制的困难局面下,对华无条件最惠国待遇的政策得到艰难延续,但依然面临一年一审的命运,而对华永久无条件最惠国待遇的达成还有待下一届的美国政府来实现。

第四节	克林顿政府时期 关于对华最惠国条款的博弈 ▶▶▶

在克林顿政府执政前两年,与老布什政府时期最大的区别就是总统与国会皆由民主党一党控制,所以国会与总统之间的争斗减弱,克林顿政府政策制定与执行的难度降低。克林顿政府后期虽然国会控制权发生变动,但相对老布什政府时期其所受的制约性依然较少,所以克林顿政府时期对华最惠国待遇政策的发展变化更多地需要关注克林顿总统本人的态度与行动,而非国会的争斗。

在竞选之初,克林顿对老布什总统的对华政策大肆攻击,并支持佩罗西与米歇尔等人提出的附条件的最惠国待遇。因此,在其当选总统后,克林顿立刻发布总统令,对美国对华政策进行全面评估,而评估结论是应强调最惠国待遇谈判的工具作用,使其成为给中国施加压力的重要手段,并且不再像老布什政府试图通过替代手段来减弱这种工具性。据此,克林顿政府将对华最惠国待遇与某些"条件"挂钩的基本思路已经显现。克林顿政府采取的推进方式也不同于老布什政府时期完全通过国会投票立法的方式施行,而是与国会进行协调,统一制定对华政策,并依此发布行政命令。在协调过程中,部分国会议员提出了人权问题、劳改产品、西藏问题、武器扩散等一系列条件,试图与最惠国待遇挂钩。不过,过多的附加条件遭到了中间派议员的"反对"①,最终,国会各派达成妥协,只将人权问题附加于最惠国条款之上。1993 年 5 月 28 日,白宫发表关于延长对华最惠国待遇的声明(1993 年)和对 1994 年最惠国待遇附加人权条件的行政命令,至此,人权问题正式与对华最惠国待遇谈判"挂钩"。克林顿政府将人权问题与对华最惠国待遇谈判"挂钩",显示了其政策的矛盾性,既想向中国输出所谓西方价值观,又想维护现有的中美贸易基本框架以获取经济利益,但这种协调非常困难。将最惠国待遇附条件实际使得中美贸易关系处于不确定中,其强行增加的条件也是中国所不能接受的,因此,这种挂钩实际给克林顿政府自己出了一道难题。可能是考虑到挂钩施行的困难度,克林顿政府采用的是以行政命令的方式宣布,这实际为政策调整留有余地,总统令毕竟不是国会投票通过的法案,更容易调整修改,而且挂钩也并非全面挂钩,这都为后续的脱钩埋下伏笔。

对于克林顿政府推行的"挂钩"政策,美国内部反对声浪渐涨,逐渐形成了要求解除"挂钩"的政治联盟。这个联盟主要包括了工商界、国会中间派、政府经济部门三大利益集团。工商界是对"挂钩"政策最为敏感与反对的利益集团,因为这直接涉及其经济利益。1994 年 4 月 4 日和 5 月 6 日,近千家美国公司联合写信给克林顿总统,要求延长中国最惠国待遇,并指出人权问题应该与贸易问题分离。美国工商界的喉舌,如《华尔街日报》《商业周刊》《华盛顿邮报》等报纸杂志也纷纷登载文章,批评克林顿政府的挂钩政策。老布什政府时期国会的中间派还属于"关键的少数派",其最大作用是防止反对给予中国最惠国待遇的议案在参众两院获得绝对多数,从而成为法律。到克林顿政府时期,国会中间派的力量不断壮大。根据 1994 年总统对国会议员的考察,赞成"脱钩"的议员已经在国会占据半数,而且还有部分议员尚未决定其立

---

① 众议院外委会主席汉密尔顿指出:"颁布一项对中国未来贸易最惠国待遇地位附加数目有限的人权条件的总统令,可以有效地施加美国的影响,只要这些条件是可以达到的,而且有利于在实行时采取灵活的态度。"王勇:《最惠国待遇的回合——1989—1997 年美国对华贸易政策》,中央编译出版社 1998 年版,第 238 页。

场,国会要求脱钩的态势逐渐明朗。众议员汉密尔顿就公开"质疑"①
"杰克逊—瓦尼克修正案"的适用性,这种回归现实主义的思路,是对克
林顿政府在贸易领域强行推销美国理想主义价值观的否定,也明确了
中美最惠国待遇谈判应具有的务实辩证思维。以财政部、农业部、商务
部为首的政府经济部门更是非常清楚维持中美正常贸易关系的重要
性,故而成为脱钩方阵的坚定力量。

　　面对巨大的反对声浪,克林顿政府被迫开始重新评估"挂钩"政策。
1994 年 5 月 3 日的记者招待会上克林顿总统提出希望中美之间能尽
快达成协议,从而为延长对华最惠国待遇提供条件,这显然已经在为
"脱钩"政策制造舆论。同年 5 月 24 日,克林顿总统更是直接抛出中美
最惠国待遇谈判的三个备选方案:简单宣布延长最惠国待遇,不具体评
述中国人权问题;宣布人权问题与最惠国问题"脱钩",同时禁止从中国
进口武器;宣布人权问题与最惠国问题"脱钩",同时增加中国军方生产
武器的关税。这三个方案都看不到对挂钩政策的重申,后两个方案甚
至直接宣布脱钩,可见克林顿政府的观点已经发生了巨大改变。同年
5 月 26 日,克林顿总统选择第二个方案,正式宣布将人权问题和最惠
国问题"脱钩"。随后,众议院对"脱钩"政策进行表决,批准了"脱钩"决
策,并否决了一项旨在取消中国最惠国待遇的议案,支持了总统的决
定。虽然后续国会中依然出现了要求人权与最惠国待遇重新"挂钩"的
讨论与议案,但这并非中美贸易关系的主流也未对中美最惠国待遇谈
判造成更多困难。

　　1996 年,是美国总统大选年,这是对克林顿总统第一届任期内政
外交的一次总的考核,也关乎美国当时现行政策的延续性问题,对华最
惠国待遇问题也继续成为两党关注的重要议题。不过,此次选举与上
次选举存在一个重大区别,即国会两党在对华最惠国待遇问题上不再
像上届总统选举时的争吵不休,而是达成了基本一致。在克林顿总统

---

　　①　众议员汉密尔顿指出:"杰克逊—瓦尼克修正案对最惠国待遇规定的限制条
件,是在不同的时代针对不同的政府为达到不同的政策目的制定的政策措施……需
要按照中国目前存在或正在变成的情况对待中国,而不是按照一些人想象它的或希
望它变成的情况来对待它。"王勇:《最惠国待遇的回合——1989—1997 年美国对华贸
易政策》,中央编译出版社 1998 年版,第 254~255 页。

支持延长对华最惠国待遇前,共和党总统候选人多尔与众议院共和党领袖金里奇都对对华最惠国待遇表示支持。共和党作为在野党,其领导人不在大选年利用对华最惠国待遇进行党派斗争,从而攻击执政党候选人的政策方针,是较为少见的情况。共和党总统候选人多尔的"发言"①则显示了共和党人的矛盾心理,其将经济利益与国家利益对立看待,但实际,美国国家利益自然也包含经济利益。而共和党候选人显然也不愿意冒着失去整个工商界选票的风险,对延长对华最惠国待遇进行阻扰,延长对华最惠国待遇已成大势所趋。

国会两党在对华最惠国待遇上态度逐渐一致,克林顿再次当选总统也有利于维持政策的统一性,种种迹象表明,给予中国永久性最惠国待遇的环境已逐渐成熟。克林顿政府也提出"有条件地"给予中国永久性最惠国待遇,其给出的条件是中国在"商业上可行"的条件下加入WTO,在此基础上美国给予中国永久性最惠国待遇,这种立场已为美国最终给予中国永久性正常贸易关系指明了方向。在是否给予中国永久性最惠国待遇地位的大论战中,美国工商界一直是最为活跃的力量。早在1996年初,全国对外贸易理事会就"公开表态"②,呼吁给予中国永久性最惠国待遇地位。负责与中国进行谈判的美国贸易代表李森智也认可美国工商界提出将加入WTO与对华永久性最惠国待遇相挂钩,并指出克林顿总统正在认真考虑对华永久性最惠国待遇。对于这些利好消息,中国也及时释放善意,吴仪部长指出:"解决中美之间最惠国待遇问题的一个便捷的办法就是尽快完成中加入世贸组织的谈判,

---

① 多尔指出:"我们应当给予中国最惠国待遇,并不是因为这样做符合我们的经济利益,而是因为这样做符合我们的国家利益。拒不给予中国最惠国待遇会使对华关系倒退20多年,并将向我们在整个太平洋沿岸的战略盟友发出美国退却的灾难性信号。"王勇:《最惠国待遇的回合——1989—1997年美国对华贸易政策》,中央编译出版社1998年版,第282页。

② "代表美国五百多家大商业公司的'全国对外贸易理事会'(NFTC)主席弗兰克·特瑞奇,于1996年8月29日致函美国代理贸易代表巴尔舍夫斯基,呼吁用永久性最惠国待遇换取加入WTO国家的五项基本承诺。"王毅:《世纪谈判——在复关/入世谈判的日子里》,中共中央党校出版社2007年版,第207页。

在此基础上中美相互适用 WTO 协议。"①美国国会中给予中国永久最惠国待遇的声音也渐强,在美国将 WTO 协议下的最惠国待遇更名为"永久性正常贸易关系"后,参议员穆尔科斯发表"声明"②,指出应当给予中国永久性贸易最惠国待遇,中美双方的立场与思路逐渐趋同。

2000 年 3 月 8 日,克林顿总统向国会提交了给予中国 PNTR 地位的议案,该议案引发了美国内部最后一次关于中国最惠国待遇的大争论。美国一些劳工组织、人权组织、环保组织联合一些保守派议员积极制造舆论,反对给予中国 PNTR 地位,他们宣称首先这会导致美国政府失去给中国施压的武器,以改善中国的人权、劳工、环保问题。其次,中国低廉的人工、材料、制造价格会导致产业转移,增加美国产业工人的大量失业。最后,美国长期努力保护的一些劳动密集型产业,会因为PNTR 而失去保护,而暴露在中国竞争对手面前,从而对这些产业造成毁灭性打击。反 PNTR 派造成了一定影响,但很快,支持给予中国PNTR 地位的力量发起了最为猛烈的反击。克林顿总统及政府成员密集发声,从总统、副总统、国务卿到财政部长、国防部长、农业部长等,都积极呼吁给予中国 PNTR 地位。各党派一些著名政治人物,如前总统卡特、福特以及数十位前国务卿等,都选择放下政治分歧,共同支持PNTR 议案。美联储主席格林斯潘也对这一议案表示赞成,认为这符合美国利益。美国 42 个州的州长也联名致信给众议院院长哈斯托特,要求给予中国永久性正常贸易关系地位。在这种强大的政治攻势下,最终,美国参众两院也顺利通过该议案,而克林顿总统对该议案的签署则终结了美国对华最惠国待遇年度审议的历史。

实际上,从卡特到克林顿,连续 6 任总统面对对华最惠国待遇问题时都保持了政策的基本一致,即支持给予中国最惠国待遇地位。虽然其中出现了各种风波,面临了反对派的各种阻扰,但中美正常贸易的关

---

① 王毅:《世纪谈判——在复关/入世谈判的日子里》,中共中央党校出版社 2007 年版,第 208 页。

② 穆尔科斯指出:"不仅要改变贸易最惠国待遇的提法,而且国会应当考虑取消就是否给予中国贸易最惠国待遇问题进行一年一度辩论的作法。美国应当给予中国永久性贸易最惠国待遇。"王毅:《世纪谈判——在复关/入世谈判的日子里》,中共中央党校出版社 2007 年版,第 209 页。

系依然得到了维护与发展,这说明,在经济全球化的今天,中美作为最大的两个贸易体,其经贸往来已成为国家利益的重要组成部分,具有"一荣俱荣,一损俱损"的特性。因此,中美在维护相互正常贸易秩序的基本面上高度一致,中美之间建立永久性正常贸易关系也成为历史的必然。

结　论

　　最惠国条款贯穿于中国近现代历史,并发挥了重要影响。以中华人民共和国成立为时间节点,可划分前后两个时代,对两个时代的最惠国条款进行对比,能观察到其中既有明显的相似性,又有极其巨大的差异性,通过比较能得到历史的经验。相似性包括三点:

　　其一,发生效用的方式相似。无论是哪个时代,最惠国条款发挥效用的基本方式没有发生改变,条款本身并不涉及具体的权利义务,而需要其他条款进行内容填充,即"最惠国"需要通过最惠国条款获取与其他国家获得的同样的优惠待遇,这也是最惠国条款的核心功能。如果把最惠国条款比喻为一种"容器",其又因填充内容的不同,从而可以涉及国家权益的各个方面,覆盖的范围极为广大,进而产生重大影响。

　　其二,最惠国条款的发展始终是以全球化,尤其是经济全球化为背景。不同时代最惠国条款的发展皆缘于世界贸易总量的不断增长,经济全球化程度的逐渐加深,可以说,没有世界贸易的不断发展,就没有以促进自由、公正、平等贸易为目标的最惠国条款的发展空间。世界贸易的发展过程尽管不断遭遇贸易保护主义的威胁,但自由贸易的大趋势依然没有改变,最惠国条款也就在这样的大背景下不断向前发展。20世纪90年代,我国积极加入WTO,与欧美发达国家缔结永久性正常贸易关系,也是为了适应经济全球化发展,其目的依然是加入全球贸易,参与全球分工与竞争。

　　其三,最惠国条款在中国的发展始终面临一体化与不相容并存的矛盾。直到19世纪朝贡体系逐步瓦解时,中国才开始整体性缓慢融入全球经济一体化,而中外条约的大量签订无疑加速了这一融入进程。然而,这种经济和条约一体化在20世纪之前更多地表现为低水平与不相容。其中,经济一体化只突出表现在中国局部地区,如港口、沿海、沿江地区与西方有较多的贸易交往,而大片中国内陆地区受西方影响较小;另外,中西贸易的交往也多限于瓷器、丝绸、粮食、茶叶等大宗商品,而未实现全方位的贸易交流。如果说中西经济一体化多体现为窄范围、低水平层面,那么条约一体化也只是表面的一体化,其内部则更多的是体现为不相容。毕竟,中国与周边国家传统的交往模式是朝贡体系,即在东亚地区形成的以中国为中心、以中国周边邻国为外围,主要以双边"封贡关系"为基础的国际体系。

加入WTO,融入全球经贸圈,这种一体化并不能立刻消除不相容。中国长期的经济运行机制、历史传统、社会制度积淀无法在短时间内与国际无缝接轨,市场经济的制度完善,部分行业的改革需要过渡期等都是不相容的体现。而如何逐渐弥合不相容,更好地融入全球化经济,依然是中国全面深化改革开放的重要课题。

最惠国条款的差异性包括四点:

第一,最惠国条款类型不同。近代中外签订的最惠国条款种类繁多:有条件的、无条件的、概括性、具体性、积极性、消极性、片面性、双务的等各种类型,中日合约中甚至出现了日本商民可以均沾中国地方政府政策红利的约定,这完全突破了最惠国条款应有的概念和范畴。中华人民共和国成后,随着中国国力提升,国际贸易秩序逐步有序化与规范化,国际贸易中涉及的最惠国条款的类型减少,多为无条件和概括性的最惠国条款。新的时代背景下无条件意味着国与国之间单独谈判,进行条件利益交换,从而给第三国设限的可能性被限制;概括性则避免了针对具体权益的冗长谈判,这种最惠国条款更为符合现代国际贸易的发展,也最能促进自由贸易引致的要素流动。

第二,适用范围方面的差异。近代中外最惠国条款因用语模糊,且涉及政治、经济、文化等层面,所以其适用范围极为广泛。但同时,中国只是与有限数量的国家签订最惠国条款,未覆盖全球。与之相对的,在GATT、WTO等现代国际组织的努力下,最惠国条款的基本内容与用语已经较为标准化,而涉及的范围也局限于调整缔约国之间的经贸往来。从GATT时代过渡到WTO时代后,最惠国条款出现了一次扩张,即从货物贸易扩张到服务贸易、知识产权领域,但依然没有跳出经贸领域的框架。中国加入WTO,并与各国适用最惠国条款,这种多边谈判的结果也使与中国缔结最惠国条款的国家数量远远超越新中国成立之前。

第三,平等性有区别。近代中外最惠国条款多含有不平等的要素,主要存在三个方面的不平等:首先,签约多是发生在中国战败,至少也是中外国力相差悬殊的背景下,这种签约自然会有不平等的烙印;其次,从近代中外最惠国条款本身来看,也有诸多不平等,片面最惠国条款在中外条约中比比皆是;最后,条约的履行也存在不平等之处,西方国家并不严格按最惠国条款的约定给予中国实际上的最惠国待遇。"二战"结束后,经济全球化加深,中国国力与国际地位与日俱增,加之西方国家受到国际条约与国际组织更强力的限制,中外最惠国条款已经趋于平等,这也主要体现在三个方面:一是缔约条约主体之间地位平等,都是独立自主的国际组织成员;二是缔约内容相对规范,且缔约过程不存在强迫,都是各国自愿的行为;三是有国际法与国际组织对条约的履行进行监督制约,且现代最惠国条款涉及多国的互相和反复博弈,单独一国对最惠国条款的履行进行控制的能力减弱,增强了公平性。以美国为例,近现代,中美之间有三次最为重要的关于最惠国条款的谈判——1844 年的中美《望厦条约》谈判、1946 年 11 月的中美《友好通商航海条约》谈判、中国复关入世过程中与美国的最惠国待遇谈判。有学者对这三次谈判进行了详细"研判"①,指出这三次谈判展现出清晰的从不平等到逐渐平等的发展脉络,成为中外最惠国条款发展的重要"剪影"。

第四,影响不同。近代中外最惠国条款带来的是列强组成的侵略同盟,中国一项权利一旦丧失,则所有"最惠国"皆可凭借最惠国条款进行均沾,从而中国的大部分重要国家利权,皆为西方"最惠国"侵占,逐步加深了近代中国社会半殖民地半封建的程度。新中国成立后的最惠国条款则是中国积极争取的,是中国加入全球经济的重要门票,尤其是

---

① "在逾一个半世纪的中美关系史上,中方在最惠国待遇问题上经历了 19 世纪中叶的政治性'施恩',20 世纪中叶的政治性妥协,以及 20 世纪下半叶的经济性竞争;美方则经历了 19 世纪中叶的片面'利益均沾',20 世纪中叶不公平的'机会均等',以及 20 世纪下半叶的平等妥协。"金卫星:"中美关系史上围绕最惠国待遇问题的三次缔约谈判",载《江海学刊》2006 年第 2 期。

与美国签订最惠国条款,使得中美两个巨大的经济体在自由贸易方面的阻碍降低,促进了双方贸易发展,也提振了全球经济。中国自身也从中获取了巨大的社会、经济、政治效益,故而,最惠国条款在不同时期展现出大相径庭的效果。

综上,从近现代中外最惠国条款分析比对,我们能得到四点启示:

第一,国际经贸谈判涉及国家重要利益,而能否获得平等的地位或者通过谈判取得更有利的成果与一国国力密切相关。杰克·戈德史密斯和埃里克·波斯纳提出"微弱的合作"①概念,其将出于胁迫缔约的情况认定为微弱的合作是恰当的。这种合作出于胁迫,被胁迫方的合作意愿非常微弱,但处于国力不济的情况,为避免更大的损失只能签订对自己损害极大的条约。近代中国国力衰落,多次战败,因此与西方签订包含最惠国条款的条约多为被胁迫下签订,导致近代中国政府议价空间有限,被迫接受"在未受胁迫的情况下不会接受的"条款。即使部分条款是和平时期签订,但西方各国强大的国力已然对近代中国政府构成极大的威胁与压迫,在这种无形的压力下签订的条款依然是被胁迫,从而导致不公平。中华人民共和国成立后,与西方签订条约时处于平等地位,且最惠国条款的缔结是出于对国家利益的主动追求,从而改变了中国近代以来的屈辱历史。这种改变其根源还是在于中国经济不断发展,在国际贸易中地位愈发重要,有了更强的议价能力与更多的交换筹码,更能维护自身利益,也使得其他国家更多地以合作互惠的精神与中国平等交往。不同时期中外交往的历史是国家利益相互交锋、碰撞、妥协的历史,西方各国对近代中国的侵略是出于其狭隘的国家利益,"其战利品正是军事政治力量的投资回报"②,而与中国平等交往、互惠互利也是出于对其国家利益的考虑。其间最大的不同,就是不同

---

① "微弱的合作亦可解释主要出于胁迫而遵守条约的行为。当某一战胜国将一项和平条约强加给战败的敌国时,它所确立的条款是战败国在未受胁迫的情况下不会接受的……所有当事人的利益和预期与没有条约时相比多变得更为清晰。"[美]杰克·戈德史密斯、埃里克·波斯纳:《国际法的局限性》,龚宇译,法律出版社 2010 年版,第 84 页。

② [美]乌戈·马太、劳拉·纳德:《西方的掠夺——当法治非法时》,苟海莹译,社会科学文献出版社 2012 年版,第 25 页。

时期中国的国力发生的巨大变化,从而使得谈判的过程、结果、影响发生了翻天覆地的改变。

第二,法律条文与法学理论具有双面性,既可能助推公平合理的国际新秩序的建立,也可能带来复杂影响,应高度重视法律外衣下的真实的国家利益博弈。中外近现代历史上的最惠国条款都纳入条约体系,具有法律的外衣。但不同时期的最惠国条款在近现代中外交往中却扮演着截然不同的角色,一个是西方对中国侵略的法律武器,一个是平等互惠贸易的基石。可见,国际条款既可能以法律之名行侵略之实,也可能对缔约方之间的交往起到规范、保护、促进的正面作用。

中国近代历史遭遇的就是"以法律之名行侵略之实"①,中国每一项国家权利的丧失都有章可循,有约可查。对这一过程起到巨大推动作用的,甚至包括当时的国际法学理论界。19世纪的国际领域充满战争、侵略、关税协定、片面最惠国待遇、领事裁判权、势力范围等不公正的制度与字眼,尤其是欧美强国与亚非国家之间的国际关系更类似于弱肉强食的"丛林法则",而非公平、良心的担当。面对这一落差,国际法学理论界却更注重法律技术问题,回避道义原则,通常只谈论这些条款议定的流程是否规范,也未正视城下之盟的强迫性问题。国际法学家吴尔玺甚至只认为加诸谈判代表人身的胁迫与暴力才会导致合约无效,如此狭隘的形式化解读,避重就轻,选择性地将国际法的整体划分得支离破碎,完全无法有效反映国与国交往的真实情况。奥本海甚至将一国是否有权强迫国际大家庭之外的国家开放港口,允许商业往来这一问题简化为与国际法无关的"纯粹商业政策上或道德上的问题"。姑且不论19世纪国际法学家自身是否真的认可殖民主义,但其虚妄的言辞与空洞的理论框架无疑为殖民帝国的国际扩张提供了理论武器,加深了国际秩序的混乱与不平等。到了现代,实证主义在法学、经济学、人类学学者之中大行其道,"实证主义意味着将道德、政治、社会和

---

① "历史上,'法治缺失'的概念助长了某些强权国家或经济体的各种各样的干预模式,它们以在权力真空地带进行掠夺为目的,并使其合法化。伴随着各种战略,西方定义的法治概念被强加于19世纪末及20世纪初的中国和日本,力图'打开'可供外国掠夺的亚洲市场。"[美]乌戈·马太、劳拉·纳德:《西方的掠夺——当法治非法时》,苟海莹译,社会科学文献出版社2012年版,第18页。

一切权威机构提出的法律的'外部'因素都从法律领域中完全分离"①。这种纯粹法学的理论与 19 世纪的国家法学家思想一脉相承,依然过于坚持所谓纯粹"科学"的理念,忽略合作、共赢、公平、正义等价值引领,应当予以详细研判。

第三,经济全球化的发展不断加深,中国必须参与全球分工与竞争。纵观人类近现代历史,国际经贸的理论与实践在不断向前发展。在早期的重商主义思潮影响下,各个国家间进行了广泛经贸接触,通过贸易流通增加国家财富,这使得欧洲国家间的贸易不断裹挟进更多的国家与地区,全球化的范围不断扩展与深化。而在古典政治经济学的理论背景下,全球性的分工被重点提出,各国根据比较成本进行生产安排,这为国际贸易提供了崭新的思路。在这种国际背景下,中国也无法剥离于世界市场,而谋求单独封闭发展。近代中国被西方的坚船利炮打开国门,被迫成为西方国家的原料基地与消费市场,成为世界产业链发展的低端环节,遭遇不平等待遇,承受了巨大的耻辱与利权损失。现代中国积极主动加入 WTO,与各国适用平等的最惠国条款,参与全球竞争,中国不断融入世界经济,成为世界贸易的重要一员也借助国际贸易的资源优化配置力推自身的进步。

第四,最惠国条款在过去发挥过重要影响,现在是国际贸易的主要基石,未来其依然会活跃于国际舞台。对此,应保持清晰认识,不因贸易保护主义的回潮、中美贸易战的出现、技术性贸易壁垒增多而质疑最惠国条款所倡导的全球自由贸易的发展未来。同时,不能只固守对最惠国条款固有研究成果,最惠国条款在不断演进,出现了不同的表达、对象、内涵,应以发展的视角对其展开研究,探求最惠国条款的时代意义与现实影响,从而更好地应对全球经贸变迁带来的机遇与挑战。

① [美]乌戈·马太、劳拉·纳德:《西方的掠夺——当法治非法时》,苟海莹译,社会科学文献出版社 2012 年版,第 108 页。

参考文献

一、著作类

1.李传斌:《基督教与近代中国的不平等条约》,湖南人民出版社2011年版。

2.乔明顺:《中美关系第一页——1844年〈望厦条约〉签订的前前后后》,社会科学文献出版社1991年版。

3.刘达人、袁国钦:《国际法发达史》,中国方正出版社2007年版。

4.郑友揆:《中国的对外贸易和工业发展(1840—1948)》,上海社会科学院出版社1984年版。

5.王建朗:《中国废除不平等条约的历程》,江西人民出版社2000年版。

6.汪敬虞:《十九世纪西方资本主义对中国的经济侵略》,人民出版社1983年版。

7.李育民:《近代中外关系与政治》,中华书局2006年版。

8.田涛:《国际法输入与晚清中国》,济南出版社2001年版。

9.林学忠:《从万国公法到公法外交——晚清国际法的传入、诠释与应用》,上海古籍出版社2009年版。

10.李育民、李传斌、刘利民:《近代中外条约研究综述》,湖南人民出版社2011年版。

11.王铁崖主编:《国际法》,法律出版社1999年版。

12.姚贤镐编:《中国近代对外贸易史资料(1840—1895)》(全三册),中华书局1962年版。

13.梁西:《国际组织法》(修订版),武汉大学出版社1998年版。

14.郭卫东:《不平等条约与近代中国》,高等教育出版社1993年版。

15.谢振民:《中华民国立法史》,中国政法大学出版社 2000 年版。

16.张向晨:《发展中国家与 WTO 的政治经济关系》(修订本),法律出版社 2002 年版。

17.陈江:《国际公约与惯例》,法律出版社 1998 年版。

18.王毅:《世纪谈判》,中共中央党校出版社 2007 年版。

19.武桂馥:《最惠国待遇与中美关系》,中共中央党校出版社 1992 年版。

20.李育民:《中国废约史》,中华书局 2005 年版。

21.田涛主编:《清朝条约全集(三卷)》,黑龙江人民出版社 1999 年版。

22.程道德主编:《近代中国外交与国际法》,现代出版社 1993 年版。

23.曹建明主编:《WTO 与中国的司法审判》,法律出版社 2000 年版。

24.张洪祥:《近代中国通商口岸与租界》,天津人民出版社 1993 年版。

25.王铁崖:《中外旧约章汇编》(第一册),生活·读书·新知三联书店 1957 年版。

26.王铁崖:《中外旧约章汇编》(第二册),生活·读书·新知三联书店 1959 年版。

27.王铁崖:《中外旧约章汇编》(第三册),生活·读书·新知三联书店 1962 年版。

28.中华人民共和国海关总署研究室编译:《辛丑和约订立以后的商约谈判》,中华书局 1994 年版。

29.刘辉主编:《中国旧海关稀见文献全编》,中国海关出版社 2009 年版。

30.赵桂芬主编:《津海关史要览》,中国海关出版社 2004 年版。

31.胡滨译:《英国档案有关鸦片战争资料选译》,中华书局 1993 年版。

32.何顺果:《全球化的历史考察》,江西人民出版社 2012 年版。

33.夏良才:《近代中外关系史研究概览》,天津教育出版社 1991年版。

34.杨泽伟:《宏观国际法史》,武汉大学出版社 2001 年版。

35.曾景忠主编:《中华民国史研究述略》,中国社会科学出版社 1992 年版。

36.萧一山:《清代史》,辽宁教育出版社 1997 年版。

37.茅海建:《天朝的崩溃:鸦片战争再研究》,生活·读书·新知三联书店 1995 年版。

38.刘培华:《鸦片战争》,中国青年出版社 1962 年版。

39.陈尚胜主编:《中国传统对外关系的思想、制度与政策》,山东大学出版社 2007 年版。

40.吴世英:《百年中外关系史》,东北师范大学出版社 1995 年版。

41.唐培吉:《中国近现代对外关系史》,高等教育出版社 1994年版。

42.项立岭:《中美关系史全编》,华东师范大学出版社 2002 年版。

43.顾明义:《中国近代外交史略》,吉林文史出版社 1987 年版。

44.杨公素:《晚清外交史》,北京大学出版社 1991 年版。

45.黄凤志主编:《中国外交史 1840—1949》,吉林大学出版社 2005年版。

46.张道行:《中外条约综论——中国不平等条约之订立与废除》,五洲出版社 1969 年版。

47.安桂琴:《中国近代不平等条约评介》,青海人民出版社 1994年版。

48.李颖:《百年外交纵横》,中国经济出版社 2000 年版。

49.葛夫平:《中法关系史话》,社会科学文献出版社 2000 年版。

50.石源华编著:《近代中国周边外交史论》,上海辞书出版社 2005年版。

51.孙武、郭宏山:《近代中国对外 50 个条约本末纪》,西北大学出版社 1994 年版。

52.季压西:《来华外国人与近代不平等条约》,学苑出版社 2007年版。

53.胡门祥:《晚清中英条约关系研究》,湖南人民出版社 2010 年版。

54.李文海、匡继先:《中国近代不平等条约书系》,中国人民大学出版社 1993 年版。

55.陈诗启:《中国近代海关史》(晚清部分),人民出版社 1993 年版。

56.陈诗启:《中国近代海关史》(民国部分),人民出版社 1999 年版。

57.李永胜:《清末中外修订商约交涉研究》,南开大学出版社 2005 年版。

58.李思涵:《北伐前后的"革命外交"》,"中央研究院"近代史研究所 1993 年版。

59.王立诚:《中国近代外交制度史》,甘肃人民出版社 1991 年版。

60.严中平主编:《中国近代经济史:1840—1894》,经济管理出版社 2007 年版。

61.孙玉琴:《中国对外贸易史》,对外经济贸易大学出版社 2004 年版。

62.曹英:《不平等条约与晚清中英贸易冲突》,湖南人民出版社 2010 年版。

63.詹庆华:《全球化视野:中国海关洋员与中西文化传播(1854—1950 年)》,中国海关出版社 2008 年版。

64.李思涵:《曾纪泽的外交》,"中央研究院"近代史研究所 1966 年版。

65.汪敬虞:《赫德与近代中西关系》,人民出版社 1987 年版。

66.罗珍:《中国知识精英外交思想研究——以抗战时期为考察中心》,上海大学出版社 2010 年版。

67.赵英兰主编:《派系与外交:民国时期对日外交思想研究》,吉林大学出版社 2005 年版。

68.岳谦厚:《顾维钧外交思想研究》,人民出版社 2001 年版。

69.中国海关学会编:《赫德与旧中国海关论文选》,中国海关出版社 2004 年版。

70.戴一峰:《近代中国海关与中国财政》,厦门大学出版社 1993年版。

71.杨天宏:《基督教与近代中国》,四川人民出版社 1994 年版。

72.王承仁、刘铁君:《李鸿章思想体系研究》,武汉大学出版社 1998年版。

73.[美]马士:《中华帝国对外关系史(全三卷)》,张汇文等译,上海世纪出版集团 2006 年版。

74.[英]戴维·赫尔德等:《全球大变革:全球化时代的政治、经济与文化》,杨雪冬等译,社会科学文献出版社 2001 年版。

75.[日]川岛真:《中国近代外交的形成》,田建国译、田建华校,北京大学出版社 2012 年版。

76.[美]杰克·戈德史密斯、埃里克·波斯纳:《国际法的局限性》,龚宇译,法律出版社 2010 年版。

77.[英]赫德利·布尔、亚当·沃森主编:《国际社会的扩展》,周桂银、储召锋译,中国社会科学出版社 2014 年版。

78.[美]约翰·杰克森:《关贸总协定——国际经济贸易的政策与法律》,赵维田译,深圳海天出版社 1993 年版。

79.[美]乌戈·马太、劳拉·纳德:《西方的掠夺——当法治非法时》,苟海莹译,纪锋校,社会科学文献出版社 2012 年版。

80.[法]雅克·阿达:《经济全球化》,何竟、周晓幸译,中央编译出版社 2000 年版。

81.[美]王栋:《中国的不平等条约:国耻与民族历史叙述》,王栋、龚志伟译,复旦大学出版社 2011 年版。

二、期刊论文类

1.罗志田:《帝国主义在中国:文化视野下条约体系的演进》,载《中国社会科学》2004 年第 5 期。

2.吴义雄:《权力与体制:义律与 1834—1839 年的中英关系》,载《历史研究》2007 年第 1 期。

3.张振鹍:《清末十年间中外关系史的几个问题》,载《近代史研究》1982 年第 2 期。

4.陶文钊:《审视中美关系的一个视角》,载《史学集刊》2003年第1期。

5.王涛:《论十七世纪中西法律冲突》,载《政法论坛》1998年第3期。

6.黄玮:《再论近代中国的半殖民地半封建化》,载《安徽史学》2000年第3期。

7.熊志勇:《关于清末不平等条约的评述》,载《外交学院学报》1985年第2期。

8.李育民:《近代中国的"条约制度"论略》,载《湖南师范大学社会科学学报》1992年第6期。

9.程鹏:《西方国际法首次传入中国问题的探讨》,载《北京大学学报》(哲学社会科学版)1989年第5期。

10.何勤华:《略论民国时期中国移植国际法的理论与实践》,载《法商研究》2001年第4期。

11.刘刚:《早期中美商务关系的形成和演变(1784—1844)》,载《重庆科技学院学报》(社会科学版)2010年第21期。

12.李育民:《英国与近代中国的不平等条约》,载《湖南师范大学社会科学学报》1997年第2期。

13.陈尚胜:《试论清朝前期封贡体系的基本特征》,载《清史研究》2010年第2期。

14.候中军:《近代中国不平等条约及其评判标准的探讨》,载《历史研究》2009年第1期。

15.杨泽伟:《近代国际法输入中国及其影响》,载《法学研究》1999年第3期。

16.高放:《近现代中国不平等条约的来龙去脉》,载《南京社会科学》1999年第2期。

17.赵以慈:《近代中国不平等条约知多少》,载《炎黄春秋》1999年第3期。

18.许亚洲:《〈中英南京条约〉立约始末》,载《文史精华》1997年第3期。

19.郭卫东:《香港开埠初期与内地贸易研究——以〈虎门条约〉第

十三款为案例》，载《中国经济史研究》1997 年第 2 期。

20.田涛：《郑观应对国际法的认识》，载《天津师范大学学报》（社会科学版）2001 年第 6 期。

21.管伟：《论中国近代国际法观念的肇兴》，载《政法论坛》2004 年第 3 期。

22.修志君：《简论近代国际法对中国的影响》，载《法律适用》2005 年第 10 期。

23.费驰：《1868—1869 年〈中英新修条约〉谈判评述》，载《吉林大学社会科学学报》2001 年第 2 期。

24.宋怡：《试论〈中美续增条约〉》，载《安徽大学学报》1999 年第 5 期。

25.郭卫东：《〈江南善后章程〉及相关问题》，载《历史研究》1995 年第 1 期。

26.朱树谦：《〈江南善后章程〉及相关问题辩正》，载《历史研究》1996 年第 5 期。

27.杜才有：《从〈天津条约〉到〈北京条约〉》，载《历史教学》1997 年第 7 期。

28.王建科、刘宋仁：《重评〈中美商约〉》，载《学海》1995 年第 6 期。

29.陶广峰：《关于列强在华领事裁判权的几个问题》，载《比较法研究》1988 年第 3 期。

30.郭华清等：《十三行贸易体制与鸦片战争的关系》，载《五邑大学学报》（社会科学版）2010 年第 4 期。

31.康大寿：《近代外人在"华治外法"权释义》，载《社会科学研究》2000 年第 2 期。

32.金卫星：《鸦片战争时期片面最惠国待遇条款形成述评》，载《镇江师专学报》（社会科学版）1990 年第 3 期。

33.唐凌：《协定关税——一条束缚中国的巨大绳索》，载《广西师范大学学报（哲学社会科学版）》1992 年第 3 期。

34.黄国盛、王民：《司税、税务司与总税务司设置考》，载《历史教学》1987 年第 6 期。

35.凌弓：《论海关洋员与中国近代邮政》，载《史林》1993 年第 4 期。

36.沈嘉荣:《南京开埠通商前后》,载《南京史志》1998年第3期。

37.郭卫东:《片面最惠国待遇在近代中国的确立》,载《近代史研究》1996年第1期。

38.吴建雍:《鸦片战争与近代华工》,载《北京社会科学》1990年第4期。

39.张仁善:《近代中国的海权与主权》,载《文史杂志》1990年第4期。

40.尚红娟:《论近代中国国家主权的缺失》,载《南京社会科学》2007年第10期。

41.姚贤镐:《两次鸦片战争后西方侵略势力对中国关税主权的破坏》,载《中国社会科学》1981年第5期。

42.王国平:《略谈晚清中外不平等条约中的最惠国待遇条款》,载《江海学刊》1997年第1期。

43.王国平:《论近代中国的协定税则》,载《江海学刊》2003年第3期。

44.胡刚:《近代子口税制度初探》,载《中国社会经济史研究》1987年第4期。

45.徐思彦:《关税与中外约章》,载《历史教学》1992年第9期。

46.李育民:《近代中国的最惠国待遇制度》,载《湖南师范大学社会科学学报》1995年第6期。

47.马涛:《大分流:18世纪中西方经济发展道路的反思》,载《贵州财经学院学报》2010年第3期。

48.张践:《晚清自开商埠述论》,载《近代史研究》1994年第5期。

49.赵晓耕:《近代不平等条约与清末法制的变革》,载《浙江社会科学》1999年第1期。

50.李启成:《领事裁判权制度与晚清司法改革之肇端》,载《比较法研究》2003年第4期。

51.周厚清:《美国在华最惠国待遇及其影响(1840—1911)》,载《中山大学研究生学刊(社会科学版)》1997年第4期。

52.王玉玲、张晓峰:《改订新约运动新评》,载《北方论丛》1995年第1期。

53.杨丹伟:《法权交涉的历史考察—以民国北京政府为例》,载《江海学刊》2000 年第 6 期。

54.杨静:《南京国民政府的改订新约运动》,载《历史教学》1995 年第 12 期。

55.李育民:《北京政府的修约与废约》,载《文史博览》2005 年第 6 期。

56.李永胜:《1904 年中葡交涉述论》,载《历史档案》2009 年第 3 期。

57.马建标:《谣言与外交——华盛顿会议前"鲁案直接交涉"初探》,载《历史研究》2008 年第 4 期。

58.武卫华:《近代中国的民族批判精神》,载《山东社会科学》1990 年第 6 期。

59.王建伟:《"废除"还是"修改"——五卅时期关于"不平等条约"问题的论争》,载《学术研究》2009 年第 11 期。

60.尚明轩:《孙中山与废除不平等条约》,载《北京社会科学》1999 年第 3 期。

61.李永胜:《1902 年中葡交涉述论》,载《安徽史学》2007 年第 2 期。

62.刘逖:《论安格斯·麦迪森对前近代中国 GDP 的估算——基于 1600—1840 年中国总量经济的分析》,载《清史研究》2010 年第 2 期。

63.周厚清:《晚清时期美国在华最惠国待遇及其影响》,载《惠州大学学报》(社会科学版)1999 年第 2 期。

64.杨洁:《第二次鸦片战争中的"修约"与"换约"》,载《历史学习》2004 年第 12 期。

65.袁丁:《1901—1905 年间中美关于华工禁约的交涉》,载《中山大学学报》(社会科学版)1994 年第 3 期。

66.周世俭:《对美外贸逆差的初步分析》,载《国际贸易》1993 年第 4 期。

67.黎仕勇、龙庆华:《从 WTO 的基本原则看中国近代史上的片面最惠国待遇》,载《经济问题探索》2003 年第 6 期。

68.李育民:《论清政府的信守条约方针及其变化》,载《近代史研究》2004 年第 6 期。

69.曹雯：《晚清政府对外政策的调整与朝鲜》，载《清史研究》2008 年第 2 期。

70.杨天宏：《晚清"均势"外交与"门户开放"》，载《社会科学研究》2008 年第 6 期。

71.李毅：《道咸年间的中外交涉》，载《华南师范大学学报》(社会科学版)1988 年第 2 期。

72.金卫星：《中美关系史上围绕最惠国待遇问题的三次缔约谈判》，载《江海学刊》2006 年第 4 期。

73.张建华：《清朝早期(1689—1869 年)的条约实践与条约观念》，载《学术研究》2004 年第 10 期。

74.刘江永：《〈马关条约〉百年后的日台关系》，载《日本学刊》1995 年第 6 期。

75.丁则良：《〈天津条约〉订立前后美国对中国的侵略行动》，载《历史教学》1951 年第 8 期。

76.杨艳丽：《1854 年美国对华"修约"始末》，载《文史天地》2008 年第 11 期。

77.田毅鹏：《近代中日"开国"的历史比较》，载《东北师大学报》(哲学社会科学版)1993 年第 6 期。

78.周静：《试析明清时期中国经济在世界的地位》，载《佳木斯教育学院学报》2010 年第 1 期。

79.王子先：《论 90 年代我国外贸结构调整的三大战略任务》，载《国际贸易》1993 年第 12 期。

80.赵世泽、谭秀华：《中英〈烟台条约〉签订前后》，载《文史精华》2003 年第 12 期。

81.叶东：《"片面最惠国待遇"对近代中国初期的经济影响》，载《黑龙江史志》2008 年第 2 期。

82.王缉思：《遏制还是交往？——评冷战后美国对华政策》，载《国际问题研究》1996 年第 1 期。

83.邵永灵：《甲午战争与〈马关条约〉》，载《红旗文稿》2007 年第 18 期。

84.贾浩:《一九九二年大选与美国政治潮流的新变化》,载《美国研究》1993 年第 2 期。

85.龙永图:《"乌拉圭回合"的结束及其影响》,载《求是》1994 年第 7 期。

86.景和:《〈辛丑条约〉的签订》,载《历史教学》1991 年第 9 期。

87.谢振治:《1902 年中英商约述论》,载《广西社会科学》2008 年第 5 期。

88.赵荣耀:《近代中意商约问题通论》,载《南都学坛》2009 年第 2 期。

89.周世俭:《迅速发展的中美经济贸易》,载《国际贸易》1994 年第 6 期。

90.方勇:《美国与〈辛丑条约〉谈判》,载《文史精华》2008 年第 4 期。

91.陈宝森:《发展中美经贸关系的正确所向》,载《美国研究》1994 年第 1 期。

92.潘同文:《最惠国待遇与中美关系》,载《国际问题研究》1994 年第 4 期。

93.金君晖:《克林顿政府的外交政策思想初析》,载《国际问题研究》1994 年第 2 期。

94.周志初:《鸦片贸易与 1887 年中葡条约》,载《扬州大学学报》(人文社会科学版)1999 年第 6 期。

95.雷玉虹:《对〈马关条约〉的再思考》,载《台湾研究》1996 年第 2 期。

96.付玉旺:《中日 1871 年立约述评》,载《西南交通大学学报》(社会科学版)2002 年第 4 期。

附　录 ■ ■ ■ ■ ■

近代中国与他国(除英、美、法、日、俄)签订最惠国条款汇总

附表 1　中国与欧洲国家(除英国,法国以外)条约、照会中的最惠国条款一览表①

签约时间	签约国家	签约地点	条约名称	条款	条 款 内 容
1847 年 3 月 20 日	挪威/瑞典	广州	《五口通商章程：海关税则》	第 2 款	瑞典国、挪威国等来中国贸易之民人,所纳出口、入口货物之税饷,俱照现定例册,不得多于各国。一切规费全行革除；如有海关胥役需索,中国照例治罪。倘中国日后欲将税则更变,须与瑞典国、挪威国等领事等官议允。如另有利益及于各国,瑞典国、挪威国等民人应一体均沾,用昭平允
1908 年 7 月 2 日	瑞典	北京	《通商条约》	第 2 款	大瑞典国大君主可任派一秉权大员,驻扎北京,大清国大皇帝可任派一秉权大员,驻扎瑞典国都城。彼此所派大员均应照各国公例,得享一切权利并优例及应豁免利益,并照相待最优之国所派相等大员；一体接待享受
				第 3 款	各领事等官,彼此两国官员均应以合宜之礼相待,其各领事应得分位、职权及优例、豁免利益均照驻扎国现时或日后相待最优之国相等官员一律享受

---

① 本表内容来源于王铁崖的汇编。参见王铁崖编：《中外旧约章汇编》(第一册),生活·读书·新知三联书店 1957 年版；王铁崖编：《中外旧约章汇编》(第二册),生活·读书·新知三联书店 1959 年版；王铁崖编：《中外旧约章汇编》(第三册),生活·读书·新知三联书店 1962 年版。

续表

签约时间	签约国家	签约地点	条约名称	条款	条 款 内 容
1908 年 7 月 2 日	瑞典	北京	《通商条约》	第4款	中国人民准赴瑞典国各处地方往来,运货贸易。瑞典国人民准赴中国已开或日后所开各通商地方往来,运货贸易。两国人民均准按照现行律例暨给与最优待国人民之优例,在以上各地方从事商业、工艺、制作及别项合例事业,贷买各项房屋为居住贸易之用,及租与地段起造房屋、礼拜堂、坟茔、医院,并准雇佣该处人民,办理合例事务,地方官不加禁阻。其一切优例、豁免利益、两国均照现在及将来给与最优待国之人民一律无异
				第5款	所输之进出口税比相待最优国之人民运进、出口相同货物所输之税不得加多或有殊异。其禁止进出口及应免税各货物,亦照中国与各国现在及将来所定税则章程一律办理⋯⋯瑞典人民欲将运进中国之货进售内地,除纳进口税外,愿一次纳子口税,以免沿途征收,及入内地采买中国土货,以备运出外洋,除纳出口税外,愿一次纳子口税,以抵沿途征厘,均可照中国与各国现行章程办理,所纳之子口税不得比最优待国之人民所纳者或有加多⋯⋯凡中国货物运进瑞典国或他国货物由中国人民运进瑞典国,所纳进口税比最优待国之人民所纳者不得加多或有殊异
				第6款	中国商船亦可赴瑞典国准别国商船行驶停泊之各港口,往来贸易、卸载货客。彼此两国商船均照最优待国之商船一律相待⋯⋯两国商船在彼此各口岸,均可自雇船只剥运货客,并雇觅引水之人带领进口、出口。应纳船钞暨别项规费悉照彼此两国现行章程办理,不得过于最优待之国各船所纳之数。如此国船只在彼国沿海地方碰坏搁浅,地方官须立即设法救护搭客、水手人等,与相待最优待国之船只搭客、水手一律无异

续表

签约时间	签约国家	签约地点	条约名称	条款	条 款 内 容
1908 年 7 月 2 日	瑞典	北京	《通商条约》	第 8 款	中、瑞两国兵船如先由此国告知彼国,准其驶入彼此向准他国兵船驶入之各口,并与最优待国之兵船一律相待
				第 10 款	两国人民遇有因负欠钱债及争财产、物件涉讼之案,皆由被告所属之官员公平讯断,均应照最优待国人民控告相同案件之办法一律办理。如两国人民有被控犯罪各案,由被告所属之官员审讯,审出真罪,各照本国法律严办,均应照最优待国人民控告相同案件之办法一律办理
				第 13 款	中、瑞两国原有条约未经因立本条约更改者,兹特声明,仍旧照行;并声明:凡两国允许有约各国政府或官员、人民于通商行船及所有关于商业、工艺应享一切优例、豁免、保护各利益,无论其现已允与或将来允与,彼此两国政府或官员、人民,均一体享受,完全无缺。将来两国均可任便各与邻近之国订立关于边界、商务之条约。又,两国如有给与他国利益之处,系立有专条者,彼此均须将专条一体遵守,或另订专条,方准同沾所给他国之利益
1909 年 5 月 24 日	瑞典	北京	《增加条款》		缔约两国兹订明:本约第四款所载,断不于业经给与或将来给与最优待各国之人民各种利益外,另以无论何项利益给与在中国之瑞典人民或在瑞典之中国人民
1861 年 9 月 2 日	德国	天津	《通商条约》	第 4 条	中国官员于该领事等官均应从优款待,如相待诸国领事官最优者无异,凡别国所激优恩之处德意志官员一律相激

续表

签约时间	签约国家	签约地点	条约名称	条款	条 款 内 容
1861年9月2日	德国	天津	《通商条约》	第40款	两国议定,中国大皇帝今后所有恩渥、利益施于别国,布国及德意志通商税务公会和约各国无不一体均沾实惠。日后如将税则、关口税、吨税、过关税、出入口货税,无论何国施行改变,一体通行,布国及德意志通商税务公会各商、民、船主人等,亦一体遵照,无庸再议条款
1880年3月31日	德国	北京	《续修条约》	第1款	德国允,中国如有与他国之益,彼此立有如何施行专章,德国既欲援他国之益,使其人民同沾,亦允于所议专章一体遵守。其咸丰十年七月二十八日所立条约内第四十款,特为言明,仍遵其旧。嗣后中国所有施于他国及他国人民各益,德国人民如欲照第四十款之意,一体均沾,则亦应于彼此订明专章,一律遵守
				第2款	德国允,凡德国各处准各国领事官驻扎者,中国亦可派员驻扎,按照待各国官员最优之礼相待
1907年10月	德国	北京	《会定电报事宜合同》	第1款	总之,凡以上情事,德国电报局较之别政府(指他国政府所设之电线)、别电局(指他国官商合办之电局)、别公司(指他国商家所设之电线公司)所享之利益,无论为事实(指中国允许他国电报已经施行之利益)、为定例(指中国电局定章所给应得之利益)皆不能减少
1863年7月13日	丹麦	天津	《天津条约》	第7款	中国官员接待各国领事官最优之礼,亦于丹国不使或异
				第64款	各国所有已定条约内载取益、防损各事,大丹国官民亦准无不同获其美,嗣后大清国或与无论何国加有别项润及之处,亦可同归一致,期免轻重之分

续表

续表

签约时间	签约国家	签约地点	条约名称	条款	条 款 内 容
1866 年 10 月 26 日	意大利	北京	《通商条约》	第3款	当大义国钦差到中国时,中国即照各国驻京钦差大臣常规一体优待
				第3款	总之义国大臣入华,当照泰西各国于代国大臣向为合宜优待之处,同一优礼相待
				第5款	所关大清国应行优待义国大臣各节,日后中华秉权大臣出使前往大义国,亦应同一优待,以昭平允
				第54款	各国所有已定条约内载取益、防损各事,大义国官民亦准无不同获其美,嗣后大清国或与无论何国加别项润及之处,亦可同归一致。至各国如有与大清国有利益之事,与义国人民无碍,义国亦出力行办,以昭睦谊
1902 年	意大利	天津	《天津义国租界章程合同》	第10款	他国办理租界一事,如得有中国国家格外利益,义国以优待之国之礼亦应一体均沾,以昭画一
1949 年 8 月 25 日	意大利	广州	《关于贸易关系之换文》		在一九四九年四月二十二日贵我两国间签订之友好条约第九条所规定之通商航海条约未议订之前,意大利与中国间之贸易关系,自本日起,应续以最惠国待遇为基础。中方发照会:此项了解亦即中国政府之了解,本照会及阁下之复照,即构成两国政府间之协定。兹并了解,任何一方政府,有权于任何时间,以三个月之通知,废止该项协定

续表

签约时间	签约国家	签约地点	条约名称	条款	条 款 内 容
1864 年 10 月 10 日	西班牙	天津	《和好贸易条约》	第3款	总之,泰西各国于此等大臣向为合宜例准应有优待之处,皆一律行办
				第47款	中国商船不论多寡,均准前往小吕宋地方贸易,必按最好之国一律相待。若日斯巴尼亚国嗣后有何优待别国商人之处,应照最优之国以待中国商人,用昭平允
				第50款	一、各国所有已定条约内载取益、防损各事,日斯巴尼亚国官民亦准无不同获其美;嗣后中国或与无论何国加有别项润及之处,亦可同归一致,期免轻重之分
				专条	日斯巴尼亚国方派秉权大臣并带家眷、随员人等来京居住,均与最好之国钦差无异
1877 年 11 月 17 日	西班牙	北京	《会订古巴华工条款》	第3款	大日国又允所有待各大国同类之人最优之处,中国人民或已在古巴者,后嗣后前往者,亦应一体均沾
				第7款	至华民在岛随便来往立业,自应设法以与第三款所言之利益相符⋯⋯俾令中国人等均能获此约内所言之益与各大国在彼同类之人一例相待
				第8款	一、中国人等或自被告赴署分辨者,或为原告赴署理论者,所有该处日国谳局优待各国两造之处,该谳局应令中国人等一律均沾⋯⋯一、至现今在古巴岛之华民人等,内有未行互换此次条约之前自言受委屈者,均可前往该处日国谳局诉其冤枉,该处谳局即将各案次序确查,秉公断结,与优待各国人所能得者一样

续表

签约时间	签约国家	签约地点	条约名称	条款	条 款 内 容
1877 年 11 月 17 日	西班牙	北京	《会订古巴华工条款》	第 14 款	一、现今在古巴工期未满之华人,仍应按合同之期将工作满,其余如执照、准单等一切事宜,新到之华人与期满之华人所获利益,亦应一律同沾
				第 15 款	大清国、大日国在此次所立各条内,日后如有愿行删改之意,则应至少于一年之前预行知会,以备日后详商。大清国如于华民出洋一事内,以后若将此次条约未载之利益施及他国,则日国即应一体均沾
1862 年 8 月 13 日	葡萄牙	天津	《和好贸易条约》	第 52 款	一、大清国所有准与各国有利益之事,大西洋国亦一律照办;至各国如有与大清国有利益之事,大西洋国亦要出力行办,以昭睦谊
1887 年 3 月 26 日	葡萄牙	里斯本	《会议草约》	第 1 条	一、定准在中国北京和议互换修好通商条约,此约内亦有一体均沾之一条
1887 年 12 月 1 日	葡萄牙	北京	《和好通商条约》	第 9 款	该领事官职分权柄,皆与别国领事官所操行者无异,无论何时别国领事官享获优免、利益、防损种种恩施,大西洋国领事官亦如大清国相待最优之国领事官,一律无异
				第 10 款	所有中国恩施、防损、或关涉通商行船之利益,无论减少船纱、出口入口税项、内地税项与及各种取益之处,业经准给别国人民或将来准给者,亦当立准大西洋国人民。惟中国如有与他国之益,彼此立有如何施行专章,大西洋国既欲援他国之益,使其人民同沾,亦允于所议专章,一体遵守
				第 11 款	所有大清国通商口岸均准大西洋国商民人等眷属居住、贸易、工作,平安无碍,船只随时往来通商,常川不辍。其应得利益均与大清国相待最优之国无异

续表

签约时间	签约国家	签约地点	条约名称	条款	条款内容
1902 年 10 月 15 日	葡萄牙	北京	《增改条款》	第 2 款	但所有两国现行之通商和好条约未经增改之先,及现今议定本约一经两国御笔批准互换之后,大西洋国应行享受之利益俱与相待最优之国所享一律无异,至于大西洋国人民所纳之税项不得较诸别国所纳之数稍有增减
1904 年 11 月 11 日	葡萄牙	北京	《通商条约》	第 2 款	所有光绪二十七年七月二十五日在北京会定议和条约内之第六款所定加增进口税则,葡国兹允遵照办理,但别国所享最优利益,葡国应得一体均沾无异
				第 6 款	中国给予最优待国人民一切之利益,葡国人民既应一体均沾,彼此现应订明:凡有他国土产,中国所给予各项利益,葡国同类之货即应一体享受。彼此又订明:凡葡国各项酒,若酒力过十四度者,于进口时,无论系由葡国进,或由他处绕进,如呈出本国所给之执照,有领事官画押为凭,载明此酒实系葡国所产者即照本约所附税则内载过十四度酒纳税,内惟葡萄牙酒一项不能呈出以上所言之执照,即不得援引此条,以冀同享此等利益。凡中国商民运货在葡境进口、出口者,亦应享受给予最优待国人民一切之利益
				第 7 款	葡国人民准在中国已开及日后所开为外国人民居住通商各口岸或通商地方往来居住,办理商、工各业制造事项,以及他项合例事业,且在各该处若定有为外国人居住地界,则准其在该界内租地、建造、居住,并给最优待国一切之利益一律无异

法随时转——最惠国条款在中国近现代的演进 ✿

续表

签约时间	签约国家	签约地点	条约名称	条款	条 款 内 容
1869 年 9 月 2 日	奥地利	北京	《通商条约》	第 4 款	总之,奥斯马加国大臣入华,当照泰西各国于代国大臣向为合宜优待之处,同一优礼相待
				第 6 款	奥斯马加国设立总领事一员,并领事、副领事、署领事等官,前往已通商各口,办理本国商民交涉事件。中国官员于该领事等均应从优款待,与相待诸国领事官最优者无异
				第 20 款	奥斯马加国商民起卸货物输纳税饷,约准俱照税则为额,总不能较诸相待最优之国或有加增之处。如未至修约之年,中国与无论何国将现定税额或增、或减,一经定议,各国一律通行,奥斯马加国亦一律遵照
				第 43 款	今后中国如有恩施利益别国之处,奥斯马加国亦无不一体均沾实惠。如中国将税则、关口税、吨税、过关税、出入货税及各口随时设法杜弊各章程,无论与何国议定,一经通行,奥斯马加国商民、船主人等亦一体遵照,毋庸再议条款。中国商民如赴奥斯马加国贸易,应与奥斯马加国最为优待之国商民一律
				第 44 款	若嗣后中国与有约各国或有更改税则重修条约之事,奥斯马加国亦可不拘年限一律照改
1903 年 6 月	奥地利	天津	《天津奥国租界章程合同》	第 11 款	他国办理租界一事,如得有中国国家格外利益,奥国以优待之国之礼,亦宜一体均沾,以昭画一

续表

签约时间	签约国家	签约地点	条约名称	条款	条款内容
1863 年 10 月 6 日	荷兰	天津	《天津条约》	第 15 款	现经两国所定条约,凡有取益、防损之道尚未议及者,若他国今后别有润及之处,和国无不同获其美
1911 年 5 月 8 日	荷兰	北京	《和兰领地殖民地领事条约》	第 16 条	中国总领事、领事、副领事、代理领事并学习领事、书记生及书记官应享和兰国领地、殖民地已经允与或将来允与最惠国同等官吏之一切职权、特典以及豁免利益
1865 年 11 月 2 日	比利时	北京	《通商条约》	第 7 款	中华通商港口,大比利时国设立领事等官,或一员、或数员,酌量比商情形随时定派。中国官员接待各国领事官最优之礼,亦于比国不使或异
				第 45 款	两国议定中国大皇帝今后所有恩渥利益施于别国,比国无不一体均沾实惠。日后如将税则、关口税、顿税、过关税、出入口货税,无论何国施行改变,一经通行,比国商民、船主人等亦一体遵照,无庸再议条款
1918 年 6 月 13 日	瑞士	东京	《通好条约》	第 2 章	大中华民国、大瑞士民国政府均得派外交代表、总领事、正领事、副领事、代理领事驻扎彼国京城及许他国代表驻扎之重要城邑,得享有同等之一切权利待遇,其他特许、免除之例均与其他最惠国之代表领事等一律

附表 2　中国与非洲国家条约或换文中的最惠国条款一览表①

时　间	国家	签约地点	条约名称	条款	内　容
1930 年 4 月 23 日	埃及	英国	《驻英埃及使馆致驻英中国使馆函》		关于中、埃缔结暂行通商办法,业经函商在案,现敝国对于中国各项出产品及工业品输入埃及作消费再输出或通过之用者,尤为适用最惠国待遇,若未与埃及缔有商约之国家所有输入埃及货物以相互条件准暂适用此项待遇;但如苏丹或邻国之货物应照地方协定办理,不适用最惠国待遇。此项商约如经贵国同意,即生效力……但照一九三零年第二号关于埃及关税法律所规定之日期,自一九三一年二月十六日以后,无论如何,此约即不生任何效力
1898 年 7 月 10 日	刚果	天津	《天津专章》	第1款	中国与各国所立约内,凡载身家、财产与审案之权。其如何待遇各国者,今亦可施诸刚果自主之国
				第2款	议定中国民人可随意迁往刚果自主之国境内侨寓、居住,凡一切动者、静者之财产,皆可购买、执业,并能更易业主。至行船、经商、工艺各事,其待华民与待最优国之民人相同

① 本表内容来源于王铁崖的汇编。参见王铁崖编:《中外旧约章汇编》(第一册),生活·读书·新知三联书店 1957 年版;王铁崖编:《中外旧约章汇编》(第三册),生活·读书·新知三联书店 1962 年版。

附表 3　中国与亚洲国家(除俄国、日本以外)条约中的最惠国条款一览表①

时　间	国家	签约地点	条约名称	条款	条　款　内　容
1899 年 9 月 11 日	朝鲜	汉城	《通商条约：海关税则》	第 2 款	两国秉权大臣与领事等官,享获种种恩施,与彼此相待最优之国官员无异
				第 3 款	韩国商民并其商船,前往中国通商口岸贸易,凡应完进、出口货税、船钞并一切各费,悉照中国海关章程与征收相待最优之国商民税、钞相同。中国商民并其商船前往韩国通商口岸贸易,应完进、出口货税、船钞并一切各费,亦悉照韩国海关章程与征收相待最优之国商民税、钞相同。凡两国已开口岸,均准彼此商民前往贸易,其一切章程税则,悉照相待最优之国订定章程税则相同
				第 4 款	两国商民,由货物所在之国内此通商口岸输运彼通商口岸,一遵相待最优之国人民所纳之税、钞及章程禁例
				第 8 款	中国民人,准领护照前往韩国内地游历、通商,但不准坐肆卖买,违者,将所有货物入官,按原价加倍施罚。韩国民人,亦准请领执照前往中国内地游历、通商,照相待最优之国民人游历章程,一律办理

---

① 　本表内容来源于王铁崖的汇编。参见王铁崖编:《中外旧约章汇编》(第一册),生活·读书·新知三联书店 1957 年版;王铁崖编:《中外旧约章汇编》(第三册),生活·读书·新知三联书店 1962 年版。

续表

时　间	国家	签约地点	条约名称	条款	条　款　内　容
1939 年 6 月 16 日	苏联	莫斯科	《通商条约》	第1条	此缔约国所出之天产及制造之货物输入彼缔约国国境时,关于一切关税及一切通过海关之手续,彼缔约国不得令其享受异于或较劣于来自及运入任何第三国同样之货物现在或将来所享受之待遇。同样,此缔约国出产并输出之天产及制造之货物,其目的地为彼缔约国国境,关于一切关税及一切通过海关之手续,此缔约国不得令其享受异于或较劣于输出于任何第三国同样之货物现在或将来所享受之待遇。因此,本条所规定之现在或将来任何第三国所享受之最惠待遇得特别适用于下列各项:(甲)关于关税或附加关税及其他任何入口或出口之税捐。(乙)关于征收上列关税、附加关税及其他税捐之方式。(丙)关于通关手续。(丁)关于使用海关货仓以存放货物及关于货物到达、存积或运出于海关货仓及其他公用货仓之章程。(戊)关于检验及分析货物之方法、关于准许货物之输入或关于实施依货物之成分、清洁及卫生品质等而完纳关税之便利。(己)关于关税之分类及现行税率之解释
				第4条	彼缔约国输入此缔约国之货物所缴纳之关于某种货物之出产、制造、出卖、使用之一切地方税捐,此项税捐之征收,无论用何名义,此缔约国应给予适用于其本国同样货物现在或将来所享受之待遇,或现在或将来所给予任何第三国同样货物之最惠待遇,若此种最惠待遇对于彼缔约国较为有利

续表

时间	国家	签约地点	条约名称	条款	条款内容
1939年6月16日	苏联	莫斯科	《通商条约》	第7条	此缔约国应给予在其商港及其领水之彼缔约国船舶现在或将来给予任何第三国船舶之待遇。此种待遇应特别实施于关于其商港或领水内驶入、停泊、驶出，充分利用各种航行之设备及便利之条件；关于船舶、货物、旅客及旅客行李之贸易行为；关于指定在码头装卸货物之地位及各种便利；关于缴纳各种以政府名义，或以其他团体名义所征收之一切费用及税捐
1920年6月1日	波斯	罗马	《友好条约》	第2条	两缔约国得派大使、公使、代办及其馆员，除关于领事裁判权者外，享受之待遇及特权与豁免利益均与其他最惠国大使、公使相同
				第5条	两缔约国得派总领事、正领事、副领事、代理领事驻扎于彼此容许诸外国同等官吏所驻扎之重要城邑及口岸，除领事裁判权外，得享受最惠国领事官之同等特权
1946年11月15日	沙特	吉达	《友好条约》	第4条	两缔约国同意，此缔约国国民在彼缔约国领土内居住或旅行时，关于其身体与财产之保护，应享受最惠国待遇
1947年4月18日	菲律宾	马尼拉	《友好条约》	第9条	本约规定不适用于菲律宾共和国现在或将来给予美利坚合众国或其国民之优例

附表 4　中国与美洲国家(美国以外)条约中的最惠国条款一览表①

时　间	国家	签约地点	条约名称	条款	条 款 内 容
1899 年 12 月 14 日	墨西哥	华盛顿	《通商条约》	第1款	嗣后大清国、大墨西哥国暨两国人民,永敦友谊、坚固笃诚。彼此皆可任便前往侨居。其身体、家属、财产皆全获保护,与相待最优之国人民,同获恩施权利
				第2款	各准两国使臣并眷属、随员人等前往彼此京都,或常川居住,或随时往来,两国使臣在驻扎之国,得享权利、优例、恩施及应得豁免利益,均与相待最优之国同等使臣无异
				第3款	其领事官应得分位职权、豁免利益及优例,均与相待最优之国领事官无异。
				第8款	中国土产及制造各物运入墨国,或墨国土产及制造各物运入中国,彼此征进口税,不得较相待最优之国之同样物产现在或将来所征之税稍有区别,或有加增
				第9款	两国兵船准赴别国兵船所至口岸,彼此接待与相待最优之国无异
				第11款	两国商船准在彼此现在或将来开准通商各口与外洋往来贸易,但不准在一国之内各口岸往来载货贸易,盖于本国之地往返各口运货乃本国子民独享之利也。如此国将此例施于别国,则彼国商民自应一体均沾,但须妥立互相酬报专条,方可照行

———————

①　本表内容来源于王铁崖的汇编。参见王铁崖编:《中外旧约章汇编》(第一册),生活·读书·新知三联书店 1957 年版;王铁崖编:《中外旧约章汇编》(第二册),生活·读书·新知三联书店 1959 年版;王铁崖编:《中外旧约章汇编》(第三册),生活·读书·新知三联书店 1962 年版。

续表

时 间	国家	签约地点	条约名称	条款	条 款 内 容
1899 年 12 月 14 日	墨西哥	华盛顿	《通商条约》	第17款	中国人民在墨国有控告事件,听其至审院控告,应得权利、恩施与墨国人民或与相待最优之国人民无异
1921 年 9 月 26 日	墨西哥	墨西哥城	《暂行修改中墨一千八百九十九年条约之协定》	第12款	农户不以工论,其招致章程应依照墨国将来与最优待之国所订章程一律办理
1874 年 6 月 26 日	秘鲁	天津	《会议专条》		凡侨寓秘国无论何国人民呈禀式样最优者,华工应一体均沾其益
1874 年 6 月 26 日	秘鲁	天津	《通商条约》	第4款	一、大清国派总领事并领事、副领事、署领事等官前赴秘国各处有别国领事驻劄地方,办理本国商民交涉事件,秘国按待各国领事最优之礼,一体相待。大秘国派总领事并领事、副领事、署领事等官前往中国已通商各口,办理本国商民交涉事件,中国官员接待各国领事官最优之礼,亦于秘国领事官不使或异

续表

时 间	国家	签约地点	条约名称	条款	条 款 内 容
1874年6月26日	秘鲁	天津	《通商条约》	第8款	一、中国商民准在秘国通商各处往来运货贸易,一体与别国商民同获利益。秘国商船,准在中国通商各口往来运货贸易,别国凡有利益之处,秘国亦无不均沾
				第9款	一、中国商人在秘国通商各处起卸货物,输纳税饷,不能较诸相待最优之国稍有增加。秘国商人,在中国通商各口起卸货物,输纳税饷,俱按通商总例税则,亦不能较诸相待最优之国或有增加之虑
				第16款	一、今后中国如有恩施利益之处,举凡通商事务,别国一经获其美善,秘国官民亦无不一体均沾实惠。中国官民在秘国,亦应与秘国最为优待之国官民一律
1881年10月3日	巴西	天津	《和好通商条约》	第1款	嗣后大清国与大巴西国暨厥人民永存和好,永敦友谊,彼此皆可前往侨居,须由本人自愿,各获保护身家、财产,并一体与相待最优之国民人同获恩施利益
				第2款	两国使臣在公署时享获种种恩施,与待最优之国使臣无异
				第3款	两国领事享获种种恩施,与彼此所待最优之国领事官无异
				第5款	嗣后两国如有优待他国利益之处,系出于甘让,立有专条互相酬报者,彼此须将互相酬报之专条或互订之专章一体遵守,方准同沾优待他国之利益

时 间	国家	签约地点	条约名称	条款	条 款 内 容
1881 年 10 月 3 日	巴西	天津	《和好通商条约》	第6款	两国商人、商船,凡在此国通商口岸,即应遵从此国与各国原议、续议通行商务章程办理。至进出口税,则亦不能较相待最优之国或有增加
				第7款	两国兵船可以赴别国兵船所至口岸,彼此接待,与相待最优之国无异
				第13款	中国民人在巴西有控告事件,听其至审院控告应得名分与巴西民人及与相待最优之国民人无异
				第14款	中国与巴西彼此商定,中国商民不准贩运洋药入巴国通商口岸,巴国商民亦不准贩运洋药入中国通商口岸,并由此口运往彼口,亦不准作一切买卖洋药之贸易。所有两国商民,无论雇佣本国船、别国船及本国船为别国商民雇用贩运洋药者,均由各本国自行永远禁止。此系两国公同商定,不得引一体均沾之条讲解
1915 年 12 月 1 日	巴西	北京	《修改条约》	第1款	两国人民皆可侨居,须由本人自愿,均照最优国相待
				第5款	两国人民准在两国通商口岸运货贸易,须有互相报酬专章,方能同沾优待利益

续表

时　间	国家	签约地点	条约名称	条款	条　款　内　容
1915 年 2 月 18 日	智利	伦敦	《通好条约》	第 2 章	大中华民国、大智利民国政府均得派外交代表、总领事、正领事、副领事、代理领事驻扎彼国京城,及许他国代表驻扎之重要城邑,得享有同等之一切权利待遇,其他特许、免除之例均与其他最惠国之代表、领事等一律
1919 年 12 月 3 日	玻利维亚	东京	《通好条约》	第 2 条	大中华民国政府、大玻利非亚民国政府均得派外交代表、总领事、正领事、副领事、代理领事驻扎彼国京城及许他国代表驻扎之重要城邑,得享有同等之一切权利、待遇,其他特许、免除之例均与其他最惠国之代表、领事等一律
1919 年 12 月 3 日	玻利维亚		《驻日本使署致日本玻利非亚公使照会》		为照会事:查本日签订之通好条约,其第二条中最惠国待遇一节并不包含在华之领事裁判权在内

后　记

　　本书的写作经历了较为艰苦的过程,基本能体现我对最惠国条款主题的阶段性思考,也为后续研究新启开端。停笔之时,感慨万千,脑中多有思绪,心中多有感谢。感谢张培田教授的悉心指导与关爱,正是在张老师的一步步指引与斧正下,才有本书的立意、思路、结构与写作;感谢亦师亦友的张小林老师、唐远华老师、赵淼师兄对本书编写的大力支持;感谢各位亲人、老师、同窗、同事、朋友的帮扶,大家的善意是我重要的精神助益;尤其感谢我的父母,正是父母的无私奉献与永远支持,才让我在学术的道路上能一直不忘初心、砥砺向前。路漫漫其修远兮,吾将上下而求索。修身治学,我还在路上。